18歳からのトータルライフガイド

THE COMPLETE LIFE GUIDE FOR YOUNG ADULTS

—未来への第一歩—

平井 愛・中西のりこ［編］

三修社

はじめに

大人社会への入り口に立つ

本書を手に取っているみなさんは晴れて大学１年生となり学生生活に期待と不安でいっぱいのころでしょう。もしくは、高校生活も終わりに近づき、今後どのような進路を進もうか悩んでいるところかもしれません。

ご存知のとおり、2022年に成人の年齢が18歳に引き下げられました。若者の自立を支援し、社会参加を促すために法律が改正された結果、さまざまな変化が生まれています。以前は18歳の人は親の同意なしにクレジットカードを作成できませんでしたが、法改正により自分の意思で作成できるようになりました。車が欲しくなれば自分の意思のみでローンを組んで購入することができます。みなさんの考えが尊重されるようになったという面では、好ましい改正です。

過去の時代の大学生はクレジットカードなんて持っている人は少ししかいませんでしたし、スマートフォンもありませんでした。昭和時代にはインターネットすら、特別な環境の人しか使用できませんでした。ほとんどが家の固定電話を自分の部屋に持っていって親にこっそりと友達と電話をしているような状態でした。みなさんには想像もできないことだと思います。

情報過多の時代を大人として生きる

一方、成人になる年齢が早いと、歳若くして面倒な社会の洗礼を受けることもあります。先ほどの車のローンの話ですが、借りるのは簡単になりましたが、万が一支払いができないとなると、痛いしっぺ返しが待っています。

その上、世の中はどんどんと複雑になっています。インターネットやSNSを使用し情報に簡単にアクセスできることには利点も多いことは明らかです。例えば英語の勉強をするにも、昔は分厚く重い辞書を持ち歩き、時間をかけて一つ一つ単語の意味を調べていましたが、今はインターネットを使用することができるので、意味を調べるのも一瞬です。

こういう便利なことも多くありますが、その一方で、無駄な情報にも簡単にアクセスできるようになってしまいました。無駄なだけではなく、嘘や偽りの情報も身近にたくさん転がっています。ある俳優の名前をネットで調べると、「離婚」「犯罪」などという驚きのキーワードと一緒に出現し、ワンクリックで関連情報にジャンプできることをみなさんも経験したことがあるでしょう。完全なガセネタも多いです。明らかな嘘と分かるようなことであれば、笑ってそのページを閉じるだけで、被害はゼロですが、非常に重要なことで嘘の情報を信じてしまうと自分の人生に大きな影響を与えかねません。

よりよく生きるために

大学ではさまざまな専門分野の先生が教育に携わっています。分野の異なる先生方は、お互いに、授業の内容や学生の様子についての情報を共有し、みなさんがより良い学生生活を送れるように大学を運営しています。その中で、学生が過剰なダイエットをして困ったことになっているとか、就職活動でどうやって自己分析をしたらいいのか悩んでいる、などとさまざまな問題を耳にします。偶然にも、その分野を専門とする先生の講義を履修していた学生は問題を解決するヒントを先生から直接得ることができますが、残念なことに受講していない学生はその有益な情報を得ることができません。

そこで、社会に出る前のみなさんにぜひ知っておいてほしいことを、さまざまな分野の専門家である先生方にお願いし、みなさんへの手紙として、執筆したものを集めたのが本書です。

本書は第１部と第２部の２部構成になっており、それぞれに７つの章があります。第１部では「大学生としての心構え」として、これからの生活に必要となるさまざまなコミュニケーションの手法を学びます。コミュニケーションとは話すことだけではありません。電子メールやレポートもみなさんから他人に発信するコミュニケーションの１つの形です。中には、高校生までは許されたとしても、大学生や社会人としては不適切と見なされる作法も含まれています。みなさんは今後、社会で正しいとされているこれらの作法を学ぶ必要があります。第１部ではコミュニケーションのさまざまな観点から必ず知っておくべき事柄を並べました。

第２部では「社会人としての心構え」として、社会に出る前に知っておくべき社会の仕組みや、社会の一員として自分がどう行動するかの指針となる事項を揃えました。この中には、１人の人間としてどういう生活をすべきかという自分に直接関係する知識もあれば、今後社会人として生活していく中で必要となる一般的な教養的知識もあります。

本書は第1章から順に読む必要はありません。目次を眺めて、自身の興味・関心に合わせて読み進めてください。なお、すべての章の最後に「おすすめブックガイド」と本書を執筆する際に参考にした「参考文献」を掲載しています。その章の内容をもっと詳しく勉強したいと思われたら、図書館などで探して読んでください。

たくさんの情報の中で何が大切かの取捨選択が難しいこともあります。本書が正しい情報へのアクセスの助けとなり、より良く生きる手助けとなれば幸いです。

最後に、本書の出版にあたり、趣旨をご理解くださり、きめ細やかなアドバイスでサポートくださった（株）三修社編集部の皆様に心から感謝を申し上げます。

目次

第１部

大学生としての心構え

第１章
子どもの社会から大人の社会へ

読む前に考えよう

- 日本の高校生の多くが大学や専門学校に進学していることについて、どのように感じますか。
- 自分の学校生活を振り返ってみて、周りの環境が「均質」だと感じたことはありますか。それはどんなときですか。
- 将来、大人になったときに、自分が働く社会がどのように「多様」になると思いますか。

はじめに

文部科学省（2023）「学校基本調査」によると、大学や専門学校などの高等教育機関に進学する日本の若者は18歳人口の84.0%で、過去最高水準の割合を更新しているそうです。本書を手に取っているみなさんの大半も、高校卒業後さらに大学や専門学校で学ぼうとしていることでしょう。しかし、成人してもまだ誰かが生活をサポートしてくれて、教育を受けさせてくれるという環境を享受できることは、世界基準で見ると、恵まれた人のみが得られる「特権」です。

つまり、みなさんは、責任ある大人として社会に出る前に自分の能力や興味を見極めたうえで、将来の大事な選択をするための猶予期間を手に入れることができた人たちです。このような猶予期間は「モラトリアム」と呼ばれています。「大学生が遊び暮らすことを許される期間」のようにネガティブな意味合いで使われがちな用語ですが、本来は、人が成熟した大人になるために必要な期間として、社会学や発達心理学という分野で取り入れられた用語です（エリクソン，2011）。

本章では、このモラトリアムの期間をみなさんが有意義に過ごすことができるように、子どもの社会と大人の社会の違いをいくつか取り上げ、順調に社会人デビューをするための心構えについて考えます。

均質な子どもの社会

ここで一旦、自身が育ってきた環境を振り返ってみてください。冒頭で述べた84.0％に該当する人なら、ほとんどの場合、屋根付きの家があって、その家には着るものや食べるものを与えてくれる大人がいたことでしょう。そして、一定の年齢に達すると当然のように小学生や中学生になったので、学校で同じ学年にいる子どもたちは誕生日がくればみんな同じ歳だったはずです。

そういう点で、みなさんが育ってきた環境はある程度均質です。形の上では平等で安定していて、周りのみんなも一緒に温かいお風呂の中にいるような環境なので、それがどれだけ幸せなことか気づくチャンスがなかったかもしれません。

あるいは、みんなが置かれている状況が似ているせいで少しの違いが目立ってしまうので「同じでないといけない」というプレッシャーに苦しんだ人や、理不尽ないじめの被害に遭った人もいるかもしれません。そういう経験は、自分のアイデンティティについて考える機会を与えてくれます。たとえ他の子どもたちとの違いがマイナス要素に見えても、自分のままで生きていく覚悟や自信が養われます。生きることに適度な負荷がかかっているときほど、自立する強さを学ぶことができるともいえます。

多様な大人の社会

大人の社会は、均質ではありません。年齢層だけを考えてみても、子ども時代が 18 年しかないのに対して、その後寿命までの期間、若い大人や壮年期の大人や高齢期の大人がいて当然です。さらに、今後日本の人口減少に伴い外国からの人材が流入するにつれ、人種や宗教、生活習慣、社会的地位など、一層多様性に富んだ社会になっていくことでしょう。

均質ではない社会では、人々の能力も関心も大きく異なるので、誰かの号令に従って全員が一斉に同じ作業をすることはできません。言い換えると、誰も指示をしてくれないので、子どもの頃のように「教えられたことを覚える、言われたことをやる」という受け身の姿勢ではうまくいかないことが増えます。子ども時代に他の人と同じであることに居心地の良さを感じていた人は戸惑うかもしれません。子ども社会を脱する準備として「自分は他の人とどう違うのか」を考えはじめましょう。

逆に「均質であること」に生きづらさを感じていた人は、今後、自分のままで輝ける場所をどこかに見つけることができるはずです。何をするにしても、スタート地点もゴールに向かう方法もゴール自体も多様な世界で、何にどのように取り組めば自分の特性を活かせるかを見つける準備に取り掛かりましょう。

先行投資を受けられる子どもの社会

あなたは子ども時代、家計を支えるためにお金を稼がなくても、自分自身のために勉強やスポーツをしたり遊んだり、お手伝いをするだけで存在を認めてもらえたのではないでしょうか。

一方、国際労働機関（ILO）と国連児童基金（UNICEF）が発表した世界推計によると、5歳から17歳の子どもたちの10人に1人が、児童労働に従事しています。世界の1億6,000万人、つまり日本の人口を上回る数の子どもたちが、家計を支えるために働いているのです。そのうち、学校に通っていない子どもは小学生の年代で4人に1人、中学生では3人に1人、高校生では2人に1人以上を占めます（図1-1）。

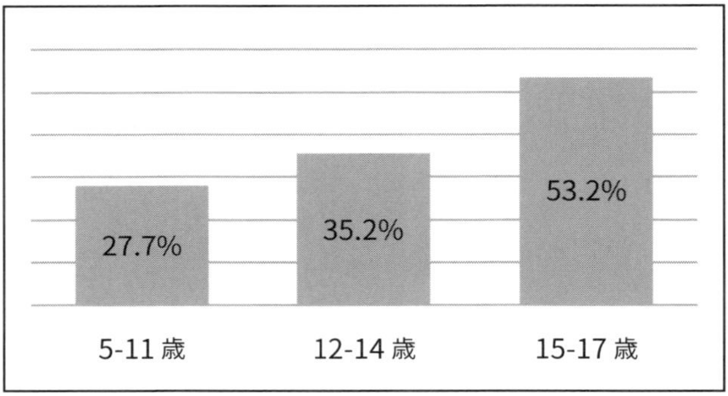

図1-1　学校に通っていない労働児童の割合

ILO & UNICEF (2021) を参考に作成

子どもたちが働かずに、自分のために役立つことをしているだけなのに認めてもらえるのは、社会からの先行投資を受けているようなものです。その子どもたちが知識やスキルを身につけて、いずれ大人になったときに労働力になることを期待して待つ余裕がある社会だからこそ、みなさんは、働かずに学校に通いながら子ども時代を過ごせたのです。その時その場で誰かの役に立っていなくても、将来咲くかもしれない花のために、あなたは種や水や養分を社会からもらってきたのです。

実質的な価値が問われる大人の社会

大人の社会では、自分の生活の糧を得るために、自分の何かを売って、誰かからお金をもらうことが必要になります。もちろん何らかの理由で働くことができない場合は胸を張って社会福祉制度を利用すればよいですが、最初からそれを期待する人ばかりだと、社会全体が崩壊してしまいます。では、何を売って対価を得ればよいでしょうか。

まず、「やる気」が売り物になるのは、就職活動時が限度です。自分が買い手の立場に立ってみれば、「やる気がある」という主張だけを信じてお金を払う気持ちになるとは限らないことは理解できるはずです。買い手が興味を持つのは、あなたの意気込みではなく、あなたが提供するものやサービスに価値があるかどうかです。そして、その価値を決めるのは、あなたではなく、買い手です。

次に「自分の時間を売る」という考え方はどうでしょう。会社に出勤して、求められた作業を確実にこなすことに対して賃金が支払われるので、自分の勤務時間を買い取ってもらっているようなものです。子ども時代に「教えられたことを覚える、言われたことをやる」という習慣を身につけた人には向いているかもしれません。ただし、AI技術の発達に伴い、このような単純作業は人間よりも機械に任せる方が速く正確で、ますます安価になっていきます。あなたが1時間の労力をかけた仕事を機械が1分でこなしても、成果は同じ1つです。同じ1つの成果なら労力がかからない方がコスパが良いので「こんなに時間をかけた」というアピールはマイナス要素にしかなりません。自分のどのような能力が、機械よりも勝るのかを考えましょう。

モラトリアム期にできること

ここまでの節では子どもの社会と大人の社会の違いについて述べてきました。その中間に位置するモラトリアム期は、子どもの社会で通用すること、大人の社会で通用することが混在しています。

まず、日本の大学は、同じような年代の若者が多いという点では子どもの社会と似ていますが、そこで何をして過ごすかの多様性が認められるという点では大人の社会と似ています。学業、アルバイト、家事、友人とのお付き合いなどそれぞれにどのくらいの熱量や時間を配分するかは、自分で決めることです。自分にできること、できないことを判断する練習をしましょう。その判断には、自分に対する責任が伴います。みんなが同じ過ごし方をする必要がないので、出遅れたり失敗したりしても、団体で責任を取って穴埋めをしてくれることはありません。

次に、あなたが授業や講義を受けることは直接的に誰の役にも立っていないのに先行投資という形で教育を受けられるという環境は子ども社会に似ていますが、一定の成果を出さなければ単位が認定されないという点では大人社会に似ています。教室には居たけれど講義の内容は忘れた、課題をやるつもりだったけれどできなかった、何時間も取り組んだけれど提出できなかったという結果では、単位取得はできません。高等教育機関は、あなたのやる気や時間を買い取る場所ではなく、花を咲かせる場所を探している人に対して、そのための種を与える場所です。水や養分を与えてその種を育てるかどうかは、あなた次第です。

最後に、モラトリアム期を有意義に過ごすためのコツをお伝えします。それは、これから取り組もうとしていることを言葉にすることです。

悪い言語化の例は、何かチャンスが訪れたときの「私では力不足かもしれませんが……」のような前置きです。あなたに能力があるかどうかは､結果を見た人が決めることです。失敗を想定した言い訳ではなく、そのチャンスを活かしたいということを先に伝えてしまえば、やらざるを得ない状況に自分を追い込むことができます。挑戦したい気持ちを思考のレベルで止めずに、口に出して、上手なスタートを切ってください。

おわりに

本章では､「均質性」と「多様性」､「先行投資」と「実質的な価値」というキーワードを基に、子どもの社会と大人の社会の違いを取り上げました。今、子どもと大人の間のモラトリアム期を過ごしているみなさんは、これらの違いを理解したうえで、大人の社会で自分が幸せになる方法を模索してください。

この章のポイント

- 成人しても高等教育機関で学べるという環境は、世界基準で見るととても恵まれたことです。
- 均質で豊かな社会の子どもたちは、将来に対する先行投資を享受しています。
- 多様性に富んだ大人の社会では、努力よりも成果が重視されます。
- 子どもから大人への「モラトリアム」の間に、自分の人生設計について考えましょう。

おすすめブックガイド

■ **モラトリアム期について**

小此木啓吾 (2010).『モラトリアム人間の時代』中央公論新社 .

加藤諦三 (2008).『「大人になりきれない人」の心理』PHP 研究所 .

■ **人生設計について**

松下幸之助 (1968).『道をひらく』PHP 研究所 .

松下幸之助 (1978).『続・道をひらく』PHP 研究所 .

稲盛和夫 (2004).『生き方』サンマーク出版 .

稲盛和夫 (2009).『働き方:「なぜ働くのか」「いかに働くのか」』三笠書房 .

参考文献

文部科学省 (2023).「令和 5 年度学校基本調査」(https://www.mext.go.jp/b_menu/toukei/chousa01/kihon/kekka/k_detail/2023.htm)

エリクソン , E. H.（著）・西平直・中島由恵（訳）(2011).『アイデンティティとライフサイクル』誠信書房 .

ILO & UNICEF (2021). Child labour: Global estimates 2020: Trends and the road forward. (https://www.ilo.org/media/382531/download)

第２章
言葉遣いと敬語

読む前に考えよう

- 敬語の基本的な使い方や、その実践方法について学んだことがありますか。
- 大学生や社会人にとって、適切な言葉遣いや敬語を使うことがなぜ重要なのでしょうか。これが評価や人間関係にどう影響するでしょうか。
- 相手や内容によって、どのように言葉遣いや態度を変えるべきでしょうか。

はじめに

大学生になると、ほとんどの人はそれまでよりも接する世界が広がります。世界が広がるということは、コミュニケーションのバリエーションが増えるということです。そこには、外国語を習得し使えるようになることだけではなく、大学生らしい文章でレポートを書き、社会人として適切な言葉遣いで他者と接するということも含まれます。

大学生として、また社会人として、コミュニケーションの取り方、つまり書いたり話したりするときの態度や言葉遣いによって「どのような人物か」を判断されることもあります。

この章では、大学生活で身につけておくことが望ましい言葉遣いと敬語を取り上げます。

着替えるように言葉遣いを変える

言葉遣いは服装に例えることができます。例えば日本の冠婚葬祭の場面では、参列者の服装として、葬式は黒、結婚式は白以外、というのが一般的です。みなさんもアルバイト先で制服を着たり、人前に立つときにスーツを着るよう指導されたりすることもあるでしょう。つまり「時と場合」によって服装を変えるのです。これらは形式的と感じるかもしれませんが、お悔やみや祝福の気持ち、礼儀正しさなどを伝えるという一面もあります。「時と場合」により服装を変えるのはマナーであり、文化であり、他者への配慮です。場にふさわしくない服装でいると、常識を疑われたり、その場にいる他者への礼儀や敬意を欠いていると判断されたりしても仕方ありません。

言葉遣いも同様に、「時と場合」により使い分けをするのがマナーであり、文化であり、配慮です。それほど難しいことではありません。同じあいさつでも親しい友達と先生では言い方を変えるでしょう。SNSの投稿と学校に提出する作文では文章のスタイルが違うはずです。そして服装と同様に、先生とのやり取りで敬語が使えなかったり、レポートを書く際にフォーマルな文章が書けなかったりしたら、自らの評価を下げてしまうのです。

言語使用域（レジスター）を意識する

私たちが使う言葉は、目的、内容、伝達手段、人間関係などによって異なります。こうした発話状況の条件を「言語使用域（レジスター）」といいます（鈴木，2006）。つまり「何について」「誰に」「何を使って」伝えるかによって言葉遣いは変わるということです。前節のような「時と場合」による言葉の使い分けも、「言語使用域」を意識した結果といえます。

例えば、好きな音楽について話すときと、授業の内容について話すときでは、使用する語彙や言葉遣いは当然変わります。先ほどの例のように、相手が友人か先生か、親しい人か初対面の人かによっても、面と向かって話すかSNSで伝えるかによっても変わります。

どのように表現するかは個性の１つですから、どのような文章でも「唯一の正解」があるわけではありませんし、表現の自由やバリエーションが失われるわけでもありません。しかし使用域が異なる以上、言葉遣いが異なるのも当然です。

次のような場合の文章を考えてみてください。

（１）自分の好きなもの（音楽でもゲームでも何でも構いません）について、それを知らない人に魅力を伝えるために詳しく説明してください。
（２）「欠席する場合はメールで事前に連絡しなさい」という指示のある授業で、欠席を先生に伝えるメールを書いてください。
（３）今日の授業の内容についてまとめ、自分の意見を述べるレポートを書いてください。

上の（１）～（３）の内容や伝え方は、説明する人・書く人によって千差万別です。ただし、特に（２）や（３）について、メールの原則的な形式と敬語を使用する、レポートはアカデミック・ライティングのルールに従う、といったことは、決められた制服を着ることと同じような規則でありマナーであるといえます。これらの具体的な書き方は第６章や第７章で詳しく説明します。

社会人として敬語を使う

ここでは、大学生・社会人のマナーとして、書くときにも話すときにも必要になる敬語を取り上げます。

敬語は社会人のコミュニケーションに欠かせません。大学生は多くの人が成人であり、社会人としてのふるまいを求められる場面も増えてきます。敬語さえ完璧であれば常に礼儀正しいといえるわけではありませんが、やはり正しく使えないと「社会人としては」評価が下がります。必要なときに正しく使うためには、基本を覚え、日常的に使っていく必要があります。

敬語を正しく使うために

敬語については文化庁が「敬語の指針」を公表していますが、ここでは最低限、次のことを覚えましょう。

（1）敬語には種類がある

敬語には尊敬語・謙譲語・丁寧語などの種類があり、それぞれ働きが異なります。「とにかく敬語の表現を使えば丁寧になる」という発想では正しく使えません。

ごく単純にいうと、尊敬語は相手の動作や物事を上げて表現することで敬意を伝え、謙譲語は自分側の動作や物事を控えめに述べ、動作が向かう先を上に立てて敬意を伝えます。丁寧語は聞く人・読む人に対して使う敬語です。

例えば、「先生がいらっしゃった」は、「いらっしゃる」という「尊敬語」を使って、動作の主体である「先生」を敬っています。「明日、先生のお宅に伺う予定だ」は、「伺う」という「謙譲語」を使って、動作の主体である自分を下げ、伺う先の「先生」を敬っています。

（2）謙譲語の働き

よくある間違いに、「どうぞ頂いてください」（正しくは「どうぞ召し上がってください」）など、尊敬語を使うべきところで謙譲語を使うものがあります。このような誤りを犯さないためには、敬語の種類を正しく認識しておく必要があります。

特に「敬語＝行為者を上げる」という単純な認識をしている人は、謙譲語は「行為者ではなく動作の向かう先を上げる」という機能を持つということをしっかり意識してください。

（3）尊敬語・謙譲語の表現パターン

敬語には特別な動詞（特定形。召し上がる・頂くなど）の他に、動詞を少し言い換えて尊敬語・謙譲語として使用するものがあります。以下に例を挙げます。丁寧語については説明を省きます。

① 特定形（尊敬語）

いらっしゃる・おっしゃる・ご覧になる・なさる　など

② 特定形（謙譲語）

伺う・申し上げる・拝見する・存じ上げる　など

③ れる・られる（尊敬語）

「先輩は転職されたそうですね。」

④ お／ご～になる・お／ご～くださる（尊敬語）

「お客様がお越しになりました。」

「どうぞご注意ください。」

⑤　お／ご～する（謙譲語）

「お荷物、お持ちしましょうか。」

特定形も言い換えのパターンも、ここに挙げたものは一部です。またいわゆる敬語の他にも、状況に応じた丁寧な表現はたくさんあります。あいさつや前置きの表現もバリエーション豊富ですし、上の③や⑤のように疑問の形にすることが丁寧さの表現であることもあります。

規範と慣習

1990年代以降、それまで使われていなかった場面でも「～させていただく」という表現が非常によく使われるようになりました（椎名, 2022）。また、「いらっしゃられる」など、尊敬語にさらに尊敬の助動詞を重ねる形もしばしば耳にします。これらは、敬語の規範から考えると誤った使用法です。しかし多くの人が使用し、許容されれば、慣習として認められ、やがて正式な敬語になるでしょう。

だからといって、今の規範や原則を理解していなければ、変化していく表現を適切に、許容範囲内で使用することも難しいでしょう。やはり一度は敬語の全体像をしっかりと理解することをおすすめします。

敬語の教材はたくさんあります。例えば、文化庁が「敬語おもしろ相談室」という動画を公開しています。「第一話」から「第七話」まであり、それぞれ５分程度の動画です。敬語の原則や種類、間違いやすいパターンなど、実際の使用場面を示しながら分かりやすく解説されています。ほかにも、ビジネスマナーの書籍やサイトを参考にするのもよいでしょう。

これらを活用し、状況に応じた適切な敬語を使えるようになりましょう。

おわりに

以上、大学生活で身につけておくことが望ましい言葉遣いと敬語について簡単に説明しました。レポートを書く、人前で発表する、先生に連絡するなど、言語使用域を意識して適切に書き、話すためには、意識的に読み、聞くことで、語彙を増やし、表現力を磨いていく必要があります。時間はかかりますが、大学で接する人や出来事から多くを吸収できるはずです。日々のコミュニケーションを大事にしてください。

この章のポイント

- 服装と同じく言葉遣いも時と場合によって変わります。
- 自ら世界を広げ、さまざまな状況に適切な表現（言語使用域を意識した言葉遣い）を身につけましょう。
- 敬語は種類によって働きが異なることを認識し、適切な使い方を教材や実生活から学びましょう。

おすすめブックガイド

■ 読むこと・書くこと全般について

秋田喜代美 (2002).『読む心・書く心：文章の心理学入門』北大路書房 .

三森ゆりか (2013).『大学生・社会人のための言語技術トレーニング』大修館書店 .

■ 敬語について

文化庁「敬語おもしろ相談室」（https://www.bunka.go.jp/seisaku/kokugo_nihongo/kokugo_shisaku/keigo/index.html）

一般財団法人 NHK 放送研修センター・日本語センター（監修）・合田敏行（著）(2017).『敬語の使い方が面白いほど身につく本』あさ出版 .

参考文献

鈴木良次（編）(2006).『言語科学の百科事典』丸善出版 .

文化庁 (2007).「敬語の指針（文化審議会答申）」（https://www.bunka.go.jp/seisaku/bunkashingikai/kokugo/hokoku/pdf/keigo_tosin.pdf）

椎名美智 (2022).『「させていただく」の使い方：日本語と敬語のゆくえ』KADOKAWA（角川新書）.

第３章
対人コミュニケーション能力を高めるために

読む前に考えよう

- 現代社会で「コミュニケーション能力」が求められる理由は何だと思いますか。
- あいさつは日常生活や職場でどのような役割を果たすでしょうか。あいさつの仕方が相手に与える印象や、その場の雰囲気をどのように変えますか。
- あまり知らない人と話す際はどのような話題が適切でしょうか。

はじめに

「コミュ力」という言葉が近年、よく聞かれるようになりました。では、そもそも「コミュニケーション能力」とは何でしょうか。コミュニケーションとは「社会生活を営む人々の間で行う知覚・感情・思考の伝達」(広辞苑第七版）と定義されており、コミュニケーション能力とは、他者との情報共有や意思疎通を円滑に図るための力のことです。

本章では、対人コミュニケーション能力を高めるための基礎を取り上げます。大学は多種多様な人々が集まる場所です。大学生活を通して、さまざまな人と関わりながら、健全な社会生活を営んでいくための基礎力を身につけましょう。

コミュニケーションはじめの一歩：あいさつ

小・中学校では、登下校時のあいさつや授業の始めと終わりのあいさつなど、学校生活の中であいさつは習慣化されていました。しかし、大学ではあいさつのために校門に先生方が立っていることもありませんし、担任の先生がいるわけでもありませんので、日常生活においてあいさつが習慣化される機会は格段に減ってしまいます。あいさつは対人コミュニケーションの基礎であるにもかかわらず、社会に出る直前、最後の４年間で長年培ってきたその習慣が失われてしまうのは大変惜しいことです。

これまでの語学（特に英語）の授業を思い出してみても、“Hello!” や “How are you?” などで始まる会話文にたくさん出会ってきましたね。どの言語であっても対人関係において、あいさつは相手とのコミュニケーションを開始するはじめの一歩となります。どのようなあいさつをするかがみなさんの第一印象を決めるかもしれません。ゼミの先生やその仲間、学内の施設、部活やサークル、アルバイトで出会う人々など、それぞれの関係性によって交わすあいさつも変わりますが、どんな場面でもお互いにとって心地良いあいさつを交わせるようになるのが理想的です。

また、あいさつの習慣は大学生活のみならず、その先の就職活動や社会人生活においても継続して必要なものです。人と関わりながら社会生活を営み、人との関係を深めるために、あいさつは大切なはじめの一歩だと意識して日々の生活の中で習慣づけるように心がけてみましょう。

会話のきっかけをつかむスモールトーク

「スモールトーク（small talk）」という言葉を聞いたことはありますか。スモールトークとは、初対面であったり、あまり気心の知れない相手との間で交わされる雑談や世間話のことを指します。例えば、アイドルのコンサート会場での待ち時間に、近くにいる人と「楽しみですよね〜。推しは誰ですか」と話したり、エレベーターなど静かな空間の中で２人きりになってしまい、気まずさを感じたときに「最近、毎日暑いですね」と話を切り出したりするのがスモールトークにあたります。これらの例にあるように、スモールトークには初対面の相手と距離を縮めたり、緊張を緩和するような効果があります。

大学では履修する授業、所属する部活やサークルなどでさまざまな地域からやってきた、学部も学年も、ときには国籍も異なる学生同士の出会いがあります。また、さまざまな立場でみなさんの大学生活をサポートする教職員と課外活動などを通して関わることもあるでしょう。人とのつながりを築き、人脈を広げるきっかけは、何げないスモールトークで始まるのかもしれません。相手と距離を縮めたり、緊張を緩和するといったスモールトークの効果を活用し、積極的にコミュニケーションを図ってみてください。

また、コミュニケーションをより実りあるものにするために、大学生活を通してどんな話題にも対応できる幅広い知識を身につけましょう。相手に話題を提供する、相手からの話題を受け止める、その両方の力を養うために日頃から情報のアンテナを張っておくことを心がけてください。「自分はスポーツにはまったく興味がない」、「最近の流行なんて分からない」などと否定から入らず、自分のコミュニケーションスキルを磨くためになるのだと考えて、まずは毎日、見出しだけでもいいのでニュースを見る習慣をつけましょう。世の中でどんなことが起こっているのかを知ることが、話題のきっかけを作るかもしれません。

自己肯定感を高め合うコミュニケーションスキル

最近あなたが人と会話したときのことを思い浮かべてください。話し手に対してどのように反応していたでしょうか。言葉は発せずともうなずきなど体の動きで表現する人もいれば、「そうなんだ！」など、声に出して反応した人もいるでしょう。対人コミュニケーションにおいて、会話中の相づちはとても重要な役割を果たします。齊藤（2019）によると、会話中の相づちは、それを受けた相手が「自分は強く認められている」と感じ、承認欲求が満たされることで聞き手への好意にもつながるとされ、コミュニケーションを円滑にし、人間関係を良くしていくことができるとされています。また、自分は他者から承認されているんだ、という気持ちが自己肯定感（自分の存在そのものを認める感覚のこと）を高めることにつながります。

相手の話を受け止める相づちの他に、褒めるという行為も相手の自己肯定感を高めることができるといわれています。齋藤（2013）は、自分がいる場所を居心地良く快適にしようと思うなら、相手を褒めて自己肯定感が増すような接し方をすれば、総じて自分の自己肯定感も高まると指摘しています。授業などでも相手の発言を相づちで肯定したり、相手の良いところを探して褒めたりすることで、お互いに居心地の良い学びの環境を自分たちの手で作ることができるはずです。

では、みなさんは最近どんなことで人から褒められましたか。または誰かを褒めましたか。褒められたときの自分の反応、人を褒めたときの相手の反応はどうでしたか。元来、日本人は謙遜を美徳とすると考えられており（ブラウン・レヴィンソン，2011）、相手からの褒め言葉を「いえいえ、そんなことありません」と否定で受けてしまうこともあります。しかし、自分が心からそう思って褒めたことに対して、相手から否定されるよりも「ありがとう」と受け止めてもらった方が嬉しく感じませんか。褒められて嬉しくない人はいませんし、やたらと謙遜して「いいえ」と言うより「ありがとう」と言う方がお互いの気分が晴れやかになります。相づちや返答の仕方を普段から意識をすることで相手も自分も心地良く感じるコミュニケーションスキルを身につけていくことができるはずです。

会話のベクトルはどっち向き？

語学の授業では特に対人コミュニケーションが大切になりますし、授業の内容によっては学習言語でプレゼンテーションを求められることもあります。人と話すことが苦手だと感じている人もいますし、普段の会話は問題ないけれど、人前でプレゼンテーションするとなると緊張してうまくいかないという人は少なくないでしょう。回数をこなせば克服できるはずではありますが、それも簡単ではありません。

人前で話す練習として有効な心がけの１つは、話をする際、気持ちのベクトルを自分にではなく相手に向けることです。例えば、大学の授業で「自己紹介をしてください」と言われたとき、緊張感からどうしても「次は自分の番だ、どうしよう、何を言おう」とベクトルが自分に向いてしまいがちです。そんな時は、他の人が話しているときに「相手のことをもっと知るためにこんな質問をしてみようかな」とベクトルを相手に向けて、話を聞くことに集中し、その人を知る努力をしてみましょう。質問をして相手からもっと話を引き出す、自分との共通点を見つける、こうしたことも大切なコミュニケーションスキルです。また、自分の番が回ってきたときに、緊張で声が小さくなってしまう人も多いのではないでしょうか。これも「自分は今、緊張している」とベクトルが自分に向いた状態です。そのベクトルの方向を「自分のことを覚えてもらえるよう、みんなが聞き取りやすい声量で話そう」と相手に向けるだけでも話し方に変化が生まれます。

最後に、印象深い自己紹介の例を示します。ある学生は、「私の名前は……です。友達からは『○○』、『××ちゃん』のいずれかで呼ばれることが多いんですけど、名前を覚えてもらうために、今みなさんがその２つから呼び方を選んで私の名前を一度呼んでみてください」とグループの仲間に呼びかけました。

一般的な自己紹介であれば、自分の名前を相手に伝えるだけの形が多いかと思います。この学生のように、「みなさんが呼び方を決めてください」とすると、相手は選択権が与えられ、意識して呼ぶので、ただ自己紹介を聞くだけよりもその名前を覚えることが容易になります。このように、会話のベクトルを相手に向けて、相手を思いやって話すように意識すると、より良いコミュニケーションスキルを育むことにつながります。

おわりに

「コミュニケーション能力が高い人」＝「話し上手な人、外交的な人」と考える人は多いのですが、必ずしもそうではありません。気持ち良いあいさつを交わすことで、心地良く会話を始めることができたり、スモールトークできっかけを作ることで相手との関係を築けたりするなど、対人コミュニケーションの基礎を大切にすることが、その能力を高めることにつながっていきます。

コミュニケーションは相手がいなければ成り立ちません。相手を認め、尊重しながらお互いに円滑なコミュニケーションが取れるようにするために、大学での出会いの場を通して、本章で取り上げたことを１つでも継続して実践してみてください。

この章のポイント

- あいさつはコミュニケーションの基礎となります。意識して日頃からあいさつの習慣をつけておきましょう。
- スモールトークはコミュニケーションのきっかけになります。普段から情報のアンテナを張ってさまざまな話題に対応できる力を養いましょう。
- お互いの自己肯定感を高め合うには、相づちや褒め言葉を使ってみましょう。話す相手に対して思いやりを持ち、相手の立場を意識して伝える努力をしましょう。

おすすめブックガイド

■相づち・コミュニケーションスキルについて

阿川佐和子 (2012).『聞く力:心をひらく 35 のヒント』文藝春秋（文春新書）.

阿川佐和子・齋藤孝 (2023).『対話力：人生を変える聞き方・話し方』SB クリエイティブ（SB 新書）.

齊藤勇 (2022).『イラスト & 図解　知識ゼロでも楽しく読める！人間関係の心理学』西東社 .

■他者との関わりと学習について

溝上慎一 (2018).『学習とパーソナリティ :「あの子はおとなしいけど成績はいいんですよね！」をどう見るか』東信堂 .

参考文献

齊藤勇 (2019).『誰とでも会話が続く相づちのコツ』文響社 .

齋藤孝 (2013).『ほめる力 :「楽しく生きる人」はここが違う』筑摩書房 .

ブラウン , P.・レヴィンソン , S. C.（著）・田中典子（監訳）・斉藤早智子・津留崎毅・鶴田庸子・日野壽憲・山下早代子（訳）(2011).『ポライトネス：言語使用における、ある普遍現象』研究社 .

第4章
プライバシーを守る

読む前に考えよう

- LINE や SNS でのやり取りで、プライバシーがどのように侵害される可能性があるでしょうか。プライバシーが侵害されているのを見たり聞いたりしたことはありますか。
- SNS での友人などの投稿を見て嫌な気持ちや嬉しい気持ちになったことはありますか。
- SNS で知り合いではない人に対し、匿名で発信したことがありますか。どんな内容について発信しましたか。また知らない誰かから何か攻撃的な言葉を投げかけられたことがありますか。

はじめに

友達と「話す」というとき、みなさんはどんな場面を思い浮かべますか。会って話しているだけでなく、LINE などのメッセージングアプリや、ソーシャル・ネットワーキング・サービス（SNS）でのやりとりも、「話す」に含まれているのではないでしょうか。

私たちの日常的なコミュニケーションは、会って話したり手紙をやりとりしたりする形から、インターネットを介してデジタルデータをやりとりする形に変わってきました。約束したことを記録して、振り返ることができるので便利ですね。過去の記憶も、写真とともに明確に思い出すことができるでしょう。しかし同時に、「プライバシー」の侵害が、身近で重大な問題になりました。会って話した声は、録音しない限りそのまま消えてしまい、記憶からも薄れていきます。そのままの内容で、見ず知らずの人たちに聞かれることはほぼなかったわけです。一方、LINEなどのやりとりは、会話がデータでそのまま残るため、嫌だったことをつい見返してしまったり、また一部を切り抜いてスクリーンショットを撮って他者に向けて拡散するといったことができてしまうということでもあるのです。

友達に宛てたはずのメッセージが、別の友達に見られてしまったり、いわゆる「裏アカ」（裏アカウント／サブアカウント）で投稿したことが、リアルの自分のことだとバレてしまったり、ということも、プライバシーの問題の一種です。この章では、身近な場面の例を挙げながら、インターネットとプライバシーについて説明をしていきます。

プライバシーとは？

プライバシーという言葉は、外来語としてカタカナのまま使われています。『デジタル大辞泉』によれば、「個人や家庭内の私事・私生活。個人の秘密。また、それが他人から干渉・侵害を受けない権利」という、やや長い説明がついています。哲学や法学、社会学、そして情報科学といった多様な分野の研究者たちが、「プライバシーを守るとは、どのようなことだろう？」という問いについて考え続けてきました。プライバシー法の専門家である、ダニエル・J・ソローヴ教授がプライバシー概念を６つの型に分類したほど、端的に説明することが難しい概念でもあるのです（ソローヴ，2013）。

ここで、個人情報の保護と、プライバシーの保護の違いについて考えてみましょう。氏名、年齢、性別といった個人を特定し識別するための情報や、買い物の履歴といった個人に関する情報を保護することは、プライバシーの保護の一部といえるでしょう。さらに、プライバシーを守るには、どの程度の情報を、どのような文脈で誰に開示するかを「自分で決められる」ことが必要です。

言い換えれば、開示してよいと感じる範囲が人によって異なるというところに、プライバシーを守ることの難しさがあります。その範囲は、時代、場所、文化によって異なる文脈的な概念でもあるからです（宮下，2021）。

誰になら見せられるのか

SNSの投稿を例に考えてみましょう。例えば、みなさんは自分のSNSの投稿を家族に見られたらどう感じるでしょうか。気にしない人もいれば、絶対に嫌だ！という人もいるでしょう。大学生に尋ねてみたときも、意見は分かれていました。SNSを見る相手が、友達だったら、アルバイト先の人だったら、あるいは、全然知らない人だったらというように、誰に見られるかによっても感じ方は異なるはずです。

ところで、見られるのが嫌だということは、「見られたら困ることを書いているから」や、「やましいことがあるから」とは限りません。先述したソローヴ教授は、「やましいことがないのならば、安全のためにプライバシーを開示するのは問題ないのでは？」という問いに対して、こんな答えを示しています。「私にやましいことは何もない。しかし、私はあなたに見せたいものもない」（ソローヴ，2017）。

見られてもよいか、見られたくないかという二択だけでなく、現実にはどんなことを、誰になら知られてもよいのか、あるいは、誰には知らせたくないのかということを選びながら、私たちは暮らしています。その感覚は、「自分」をどのように見せるかということにも関わります。

ネット上ではなく、現実の場面で起きた例を挙げます。ある大学の先生が趣味の会合に参加したところ、仕事上の知人に会ってしまったそうです。その相手は「先生！」と呼びかけてきました。その後、少し気まずく、居づらさを感じたといいます。たしかに大学の先生であることは公開されていて調べればわかりますが、ここでは趣味を楽しむ人として参加しているのです。ニックネームを名乗って参加した場所で、職業名を呼ばれると過ごしにくく感じるものです。オフ会には「先生」ではない自分として参加しているからです。

ネットに話を戻しましょう。この先生は自分のSNSを「研究者」としての情報発信に使っています。広く公開していますが、「家族」には見られたくないといいます。それは、研究者としての立場と、家族としての立場がずれていることの違和感があるからかもしれません。

自分をどう見せるかということは、どんな名前を名乗るかということとも密接に関連しています。本名、ネットだけで使っている名前、特定の友人内でのみ伝わる名前など、多くのサービスでは自由に名前を決めることができ、アカウントごとに使い分けることもできます。ある調査によると、10代から70代まですべての年代においてSNSで複数のアカウントを使っている人が一定数おり、特に若い世代では半数以上に達していました（NTTドコモモバイル社会研究所, 2022）。複数のアカウントを異なる名前で使い分け、つながる人も分けるということは、情報を誰に開示するかを「自分で決める」ことの表れともいえるでしょう。だからこそ、使い分けられているものを第三者が一方的に「混ぜてしまう」ことは避ける必要があります。例えば、いわゆる裏アカウントの発信に本名で呼びかけてしまうとか、他の人にアカウントの正体を教えてしまうといったことは、相手のプライバシーを侵害することにつながります。プライバシーの尊重も、「混ぜるな危険」と覚えておいてください。

「匿名」だから大丈夫？

インターネット利用は「匿名」だから大丈夫というわけではないことや、SNSで本名を使っていないからといって個人情報もプライバシーも守られるというわけではないことも覚えておきましょう。

第一に、一般的にはSNSでは必ずしも本名を使う必要はなく、身分証の提示を求められないサービスがほとんどです。そのため、自身が「匿名」だという認識から、普段よりも極端で攻撃的な書き込みをしてしまうことがあるかもしれません。強い非難や誹謗中傷といった書き込みが殺到すれば「炎上」と呼ばれる現象となり、対象となった人を傷つけたり損害を与えたりすることとなります。プロバイダ責任制限法が2022年10月に開始され、インターネット上で誹謗中傷などがあった場合に、発信者の情報を開示する手続きが進めやすくなりました。その結果、誹謗中傷や攻撃的な書き込みをした場合に情報開示によって身元が特定され、裁判になるといったことも起きています。あなたが「匿名」のつもりで発信した情報であっても、あなたに関する情報開示を求められる可能性はあります。自分の発言に責任を持ちましょう。

第二に、いつも同じ名前を名乗るか、その都度違う名前を名乗るかによって、その名前に紐づく情報量は大きく変わります。本名でなくスクリーンネーム（ネット上の名前）を使っていたとしても、同じ名前であればより多くの情報が結びつき、その結果意図せず「身バレ」する可能性もあるでしょう。身バレしなくとも、「ねこを飼っていてアイスが大好きな大学1年生」といった人物像は容易に浮かび上がることには、注意が必要です（折田, 2014）。あなた自身の身の安全を守るために、どのような情報をどのような名前で発信するかを考えましょう。

おわりに

本章では、プライバシーを守るということについて、主にSNSを例に挙げながら説明してきました。インターネットというグローバルに張り巡らされた情報環境のおかげで、多くの「個人」がさまざまなことを投稿したり提供したりしてくれているので、私たちは検索して「情報」を得ることができます。みなさんが投稿した文章や写真も、誰かの目に止まって役立っているかもしれません。一方で、「匿名」という思い込みから、自分自身が思いがけず加害者や被害者になり得るということも理解しましょう。

一人一人が、自分の権利を侵されることなく、自分の経験や知を共有し合うことができるように、プライバシーに関して「自分で考える」ということを、ぜひ日頃から意識してください。

この章のポイント

- プライバシーを守るにあたっては、どの程度の情報を誰に開示するかを「自分で決める」ことができるかが重要です。
- プライバシーの尊重は「混ぜるな危険」。本人が使い分けているものを、他者が壊してしまわないように留意しましょう。
- インターネット上の匿名性を過信してはいけません。発信者開示請求によって身元は判明しますし、同じ名前を使い続ければ人物像が浮かび上がります。

おすすめブックガイド

■具体的なネットのリスクについて

三浦麻子 (2013).「4　ネットのリスク」吉川肇子（編）『大学生のリスク・マネジメント』ナカニシヤ出版 .

NHK スペシャル取材班 (2020).『やばいデジタル：“現実” が飲み込まれる日』講談社（講談社現代新書）.

■SNS の利用について

法政大学大学院メディア環境設計研究所（編）(2020).『アフターソーシャルメディア：多すぎる情報といかに付き合うか』日経 BP.

毎日新聞取材班 (2020).『SNS 暴力：なぜ人は匿名の刃をふるうのか』毎日新聞出版 .

参考文献

ソローヴ , D. J.（著）・大谷卓史（訳）(2013).『プライバシーの新理論：概念と法の再考』みすず書房 .

ソローヴ , D. J.（著）・大島義則・松尾剛行・成原慧・赤坂亮太（訳）(2017).『プライバシーなんていらない！？』勁草書房 .

宮下紘 (2021).『プライバシーという権利：個人情報はなぜ守られるべきか』岩波書店（岩波新書）.

NTT ドコモモバイル社会研究所 (2022).「若年層ほど「複垢・サブ垢」傾向：10 代女性の約 7 割が Instagram、約 6 割が Twitter アカウント 2 個以上所有」(https://www.moba-ken.jp/project/service/20220912.html)

折田明子 (2014).「第 9 章：インターネット上で名乗る名前とプライバシー」公文俊平・大橋正和（編著）『情報社会のソーシャルデザイン：情報社会学概論 II』NTT 出版 .

第５章

数的思考・論理的思考を身につけよう

読む前に考えよう

- 数学に対する不安や苦手意識がありますか。
- 数学が社会でどのように役立つでしょうか。
- 広告などで目にする数やデータの信憑性について考えてみましょう。

はじめに

経済協力開発機構（OECD）が 15 歳の生徒を対象に実施した 2022 年学習到達度調査（PISA）によると、日本の若者は「数学的リテラシー」の得点において 81 か国・地域のうち５位の成績を収めました。一方、「数学の授業や課題に対する不安」に関する質問になると順位は 50 位台まで落ち込み、日本の若者の数学に対する自信のなさが顕著に表れました（OECD, 2023）。みなさんの中にも、「算数」や「数学」に苦手意識があり、「こんなことを学習して社会に出て何の役に立つのだろう」と感じる人が少なくないかもしれません。しかし、数学の公式や定理を通して学ぶ「数的思考」や「論理的思考」は、大学のどのような専門分野でも一般社会でも、生活と密接に関係しています。この章では、憲法改正の条文、量販店の割引、友達との割り勘、単位認定、という４つの例を基に、物事を明確に判断したり伝えたりするために必要な「数的思考」や「論理的思考」について考えます。

物事を考えるスタートとなる数

我々の生活と数的思考は切っても切り離せない関係です。生活していてもお店や街中で数に触れますし、大学生活の中でも単位数や正答率等、数をたくさん使います。みなさんの研究分野の中でも、数が何を示すかの把握が必要なことがあります。例えば、日本国憲法では憲法改正の発議について第96条第1項で「この憲法の改正は、各議院の総議員の三分の二以上の賛成で、国会が、これを発議し、国民に提案してその承認を経なければならない。この承認には、特別の国民投票又は国会の定める選挙の際行われる投票において、その過半数の賛成を必要とする」と明記されています。この条文には「各議院の総議員の三分の二以上の賛成で」とありますが、どうして三分の二以上なのでしょうか。三分の一以上ではだめでしょうか。また、その分母は「総議員の」となっています。なぜ総議員なのでしょうか。出席議員ではだめでしょうか。

このように、数が持つ意味について考えると、学問についての理解が深まりますし、学問追求の本質にもつながります。法律だけでなくどのような学問分野でも同様に、なぜその数・その割合でなければならないのか、その根拠は何か、と考えてみましょう。きっと、その数には何らかの根拠があるはずです。または、数がその根拠を考えるきっかけを作ることもあります。「数学」という教科を想像すると、数は計算結果というゴールを求めるもののようなイメージが強いかもしれませんが、実は何かを考えるスタートになり得ます。

数に隠されたメッセージ

数は私たちに考えるきっかけを作ってくれる一方、私たちを惑わす道具にもなります。例えば、量販店で家電を買うとき、「10％引き」と「10％ポイントバック」ではどちらがお得でしょうか。それとも同じでしょうか。ここでは、1,000円の商品を３回買ったとしましょう。

10％引きの場合は

（１回目） 1,000円× 0.9 ＝ 900円
（２回目） 1,000円× 0.9 ＝ 900円
（３回目） 1,000円× 0.9 ＝ 900円

となり、この商品を３回買った合計は2,700円になります。では10％ポイントバックならどうでしょうか。得たポイントを毎回必ず使うと想定してみましょう。

（１回目） 1,000円
　⇒次回100円分ポイントバック
（２回目） 1,000円－ 100円＝ 900円
　⇒次回90円分ポイントバック
（３回目） 1,000円－ 90円＝ 910円
　⇒次回91円分ポイントバック

となり、この商品を３回買った合計は2,810円になります。しかも、次回何かを買わなければ、91円のポイントバックは適用されません。一見「10％引き」と「10％ポイントバック」では同じように感じるのですが、実は数のマジックが隠れているのです。

　このように、我々が日頃目にする数や数値を色々と疑ってみること

も重要です。新型コロナウイルスが蔓延していたときの感染者数や、政党の支持率など、社会にはさまざまな数や数値が出てきます。何を伝えたいかによって、数や数値の見せ方が異なるときもあります。率で考えると減っているが、実数で考えると増えているときもあります。そのため、「多い」ということを伝えたいときは減っている率を伏せて、増えている実数を紹介したりします。その数に隠れているメッセージを読み取ることも社会では重要になります。

論理的な文章と数字

文章の中で物事を論理的に伝えようとするとき、数や数値で示すと説得力が増しますが、その論理自体が破綻していると、つじつまが合わなくなります。一例として以下の文章を読んでみましょう。

> Ａ、Ｂ、Ｃの３人が 1,000 円ずつ出し合って 3,000 円の品物を買おうと考えました。そして、Ｄさんがその 3,000 円を預かって買いに行ったところ、割引をしていて 2,500 円で買えてしまいました。そこでＤさんはお釣りの 500 円を３人に返そうとしたのですが割り切れなかったので自分が 200 円もらって、残り 300 円をＡ、Ｂ、Ｃに 100 円ずつ返しました。これによりＡ、Ｂ、Ｃは 1,000 円出して 100 円返ってきたので、それぞれ 900 円ずつ出したことになります。Ａ、Ｂ、Ｃが 900 円ずつ出したので３人で 2,700 円です。それにＤさんがもらった 200 円を足すと 2,900 円になります。預かったお金は 3,000 円でした。あと 100 円はどこにいきましたか？

この文章は論理的に見えるかもしれませんが、合計数がズレているということは、論理的ではない箇所があるのです。ではどこが間違っているのでしょうか。この文章は出したお金とそれを何に消費したのかを混在して考えているので矛盾が生じています。A、B、Cは100円返ってきたので、出したお金は3人で2,700円です。そのお金は何に使ったのかというと、2,500円の品物とDさんが懐に入れた200円です。ですから、最後の「それ（2,700円）にDさんがもらった200円を足すと2,900円になります」という考え方は非論理的です。正確には、「品物の2,500円に200円を足すと、3人が出した2,700円になります」とするべきです。

しかし、このような文章のマジックに気づかずに読み流す人も多いのではないでしょうか。それは、文章を論理的に考えながら読んでいないからです。なぜそうなるのかを、しっかり考えて文章を読む必要があります。論理的につながらない文章の矛盾は数が教えてくれます。文章の中に数が出てきたら、注意深く読みましょう。

日常生活で便利な「集合」の概念

数学で「集合」という概念を学習したことを覚えている人も多いでしょう。例えば「部分集合」「積集合」「和集合」のような用語が出てきた単元です。右のような図が記憶に残っている人も多いはずです。

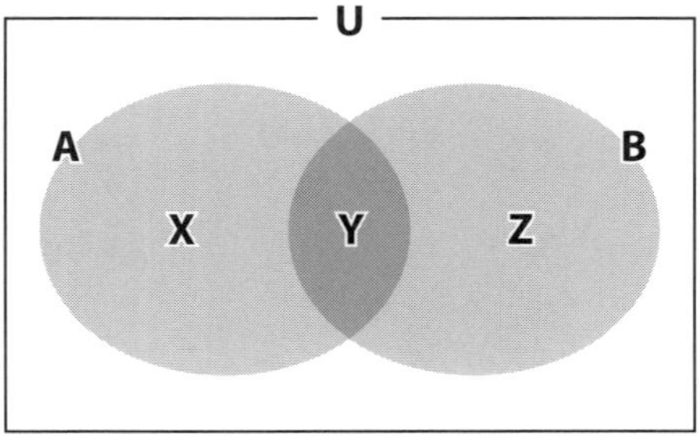

この「集合」の概念は、例えば、履修科目の単位認定基準を解釈する際に必要です。みなさんのシラバスに以下のような記載があったとしましょう。

授業内外で課される課題やテストで60%以上の得点を得た履修生に単位を認定する。ただし出席回数が15回授業の3分の2に満たない場合は、上記の得点にかかわらず単位認定不可とする。

ここで、この科目の全履修生を先ほどの図の［U］、課題やテストで60%以上の得点を得た人を［A］、出席回数が15回授業の3分の2以上の人を［B］とすると、［Y］に属する履修生のみに単位が認定されることは明らかです。しかし残念なことに、成績発表が終わってから「授業課題もテストも60%以上の得点だったのに、なぜ単位がもらえないのですか」「授業には10回以上出席していたのに、なぜ単位がもらえないのですか」という問い合わせが届くことがあります。これは、「集合」という概念を理解できないまま履修していたことが原因です。中には、履修登録をするのを忘れていて「授業課題もテストも60%以上の得点だったし授業には10回以上出席したのに、なぜ単位がもらえないのですか」と大騒ぎになることも稀にあります。これは、自分が［U］にさえ含まれていないということを認識していなかったことが原因です。みなさんも、自分自身の履修登録状況と各科目のシラバスをしっかり確認しましょう。

上記では、履修登録と単位認定を例に、2つの要素の共通部分である「積集合」を示しましたが、要素が3つ以上となることもあります。「集合」の概念は、例えばテーマパークのライドに乗るとき、何かの割引特典を得るとき、アルバイトに応募するとき、旅行の予約をキャンセルするときなど、日常生活のあらゆるところで使われています。身の回りで、何かの条件が明記されている文書に出会ったら、頭の中で「集合」の図を描いて、自分が各要素のどの部分に属するかを考えてみましょう。

おわりに

みなさんは、義務教育からずっと「算数」「数学」という教科を通して、数を使った論理を学習してきましたが、そこで学習してきたことは、社会に出ても生かすことができます。公式や定理そのものを直接使用していないような学部でも、そこで培われた論理的思考は役立ちます。日常生活の中でも、何かを考えるきっかけを作ったり、多いか少ないかを証明したり、論理の飛躍や矛盾を指摘したり、ある基準を満たしているかを判断したりするときに、数字のマジックや話の論理的整合性に注目してみてください。

この章のポイント

- 数はそこから何かを考えるスタートになります。
- 数字の見せ方によって、メッセージの受け手に伝わる印象が変わることがあります。
- 論理的でない文章の中には、数字の矛盾が含まれていることがあります。
- 「集合」の概念は、示されている条件を図式化して整理する際に便利です。

おすすめブックガイド

■論理的に考えることについて

三浦俊彦 (2002).『論理パラドクス：論証力を磨く 99 問』二見書房 .

三浦俊彦 (2003).『論理サバイバル：議論力を鍛える 108 問』二見書房 .

三浦俊彦 (2011).『論理パラドクシカ：思考のワナに挑む 93 問』二見書房 .

野矢茂樹 (1997).『論理トレーニング』産業図書 .

野矢茂樹 (2001).『論理トレーニング 101 題』産業図書 .

山岡悦郎 (2001).『うそつきのパラドックス：論理的に考えることへの挑戦』海鳴社 .

芳沢光雄 (2013).『論理的に考え，書く力』光文社（光文社新書）.

■数字の楽しさについて

桜井進 (2006).『雪月花の数学：日本の美と心に潜む正方形とルート２の秘密』祥伝社 .

ダネージ , M.（著）・寺嶋英志（訳）(2006).『世界でもっとも美しい 10 の数学パズル』青土社 .

■公務員試験の数的処理の問題演習について

資格試験研究会 (2023).『公務員試験　判断推理がわかる！新・解法の玉手箱』実務教育出版 .

資格試験研究会 (2023).『公務員試験　数的推理がわかる！新・解法の玉手箱』実務教育出版 .

参考文献

OECD (2023). *PISA 2022 Results (Volume I): The State of Learning and Equity in Education*, PISA, OECD Publishing. (https://doi.org/10.1787/53f23881-en)

第6章
電子メールを活用する

読む前に考えよう

- SNS や SMS と電子メールはどのように異なると思いますか。それぞれの利点や欠点について考えてみましょう。
- なぜ大学生活や仕事の場で電子メールが重要視されるのでしょうか。メールを使うことのメリットはなんでしょうか。
- 過去に経験したメールでのトラブルや、受け取って嬉しかったメールについて思い返してみましょう。

はじめに

情報伝達の手段として、SNS や SMS などのツールを使うことがみなさんの世代では主流となっています。しかし、大学生活や社会人として働く場において、電子メールは無くてはならない情報伝達手段です。気の置けない友人との SNS や SMS 上でのやり取りと同じ感覚で電子メールを送ると、ときに相手を不快にさせます。また、丁寧な文章でメッセージを送ったとしても、電子メールの特徴を理解していないと、相手を混乱させてしまうこともあります。このような事態は避けるべきです。

この章では、電子メール（以後メール）を送信するとき、自分の意図を正しく伝えるための技術、相手を不快にさせないマナーやエチケットについて述べます。みなさんの送るメールが、相手の時間を消費するに値するものとなるよう、努めましょう。

メールの種類とメールアドレスの構造

メールは、データ送受信の仕組みから、大きく２種類に分けることができます。ひとつはWebメール、他方はPOP/SMTPメールとよばれます。

Webメールは、Webブラウザー（Microsoft EdgeやGoogle Chrome、FireFoxなどが有名）からメールの送受信や閲覧ができるシステムです。インターネットに接続できれば、どこでも簡単に利用できます。メールはサーバー上に保存されるため、異なる端末からでも確認することが可能です。GmailやYahooメールが有名です。

POP/SMTPメールでは、メールを送受信するためのアプリケーションを、端末（コンピュータやタブレット等）にインストールする必要があります。POPはメールを受信するための、SMTPはメールを送信するための通信規約（プロトコル）の名称です。また、POPの代わりにIMAPと呼ばれるプロトコルを用いることで、メールをサーバー上に保管し、異なる端末から同じメールを確認することが可能です。インストールしたメールアプリケーション（メーラー）に、POPやSMTP、IMAPを設定することで、メールのやり取りができます。

表6-1　メールの種類と特徴

	メリット	デメリット
Webメール	簡単に利用可能	インターネットに接続が必要
POP/SMTPメール	インターネットに未接続でも、過去に送受信したメールは閲覧できる	端末ごとに、メーラーのインストール、設定が必要

メールアドレスは、相手を特定するための文字列であり、一般に次の構造をとります。

hiromi@s.kotogakuin.ac.jp
ユーザー名（アカウント名）@ドメイン名

アカウント名は、メールの持ち主個人（もしくはグループ）など、特定の対象を示します。ドメイン名は、インターネット上の住所と捉えることができます。このドメイン名を見ることで、メール送信者がどこの所属の人か、おおよそ把握することができます。例えば、ドメイン名の末尾はccTLD（国別コードトップレベルドメイン）とよばれ、jpは日本を意味します。カナダならca、イギリスならukです。ccTDLではなくgTDL（分野別トップレベルドメイン）が使われることもあります。代表的なgTDLとして、com（商業組織）、net（ネットワーク用）、org（非営利組織）があります。

次に、acはSLD（セカンドレベルドメイン）と呼ばれます。acは大学、coは企業、goは政府機関のように、機関の種類を表します。つづいて、kotogakuinは3LD（サードレベルドメイン）と呼ばれ、機関の名称を表します。最後にsは4LD（フォースレベルドメイン）と呼ばれ、機関内の所属や属性を表すことが多いです。このように、TDL、SDL、3LDから、送信者が誰であるかについて、おおよそ予想が可能です。日本ネットワークインフォメーションセンターのHPに詳しい説明があります（JPNIC）。以上の知識を持って、受信メールのドメイン名を確認してみましょう。

メールを送信しよう

メールを作成するとき、以下に挙げる４つのポイントを意識し、送信相手に誤解を招かないメールとなることに注力しましょう。

まず、SNS と異なり、メールでは件名（タイトル）を書くことが必要です。件名は、メールの内容を表す「顔」です。簡潔かつ具体的に書きます。例えば、会議の案内メールであれば、「第 XX 回△△会議開催について」とします。「会議について」のみでは、何の会議かが分かりません。また、件名のないメールは、捨てられると考えてください。

次に、送信先のアドレスを確認しましょう。メッセージは、１人、もしくは複数人の相手に対して送信される場合があります。特に、複数人へ送信する場合、主たる送信相手は誰なのか、情報を共有しておきたいだけの相手なのかを意識し、メールを送信する必要があります。表 6-2 は、３つのメール送信方法についての説明です。

表 6-2　メール送信先の違い

To	メールを送信したい「主たる相手」のメールアドレスを入力する。
Cc	宛先（To）の人とともに、情報共有しておきたい相手のメールアドレスを入力する。
Bcc	他の受信者に分からない形で情報共有をしたい相手のメールアドレスを入力する。

To（宛先）は、責任をもって対応してほしい相手を指します。複数名の指定もできます。Cc（カーボン・コピー）として指定した人からは、メールに対する返信が必ずしも必要ではないことを意味します。Bcc（ブラインド・カーボン・コピー）で指定したメールアドレスは、To や Cc の送信先に開示されないので、アドレスなどを公開するべきでない

人と情報を共有する際に便利です。

3点目のポイントは、メール本文を明瞭・簡潔に書くことです。メール本文は、宛名、本文、署名の3つの記述から構成します。

宛名では、誰に対して発信するメールであるかを明確にします。個人宛ならば相手氏名、会社の個人宛であれば相手の所属、氏名を書きます。担当者が不明な場合、「御中」、「ご担当者様」などとします。その他、「先生」などの敬称もよく使われます。宛名の後、本文の前にあいさつ文を書きましょう。手紙では「前略」、「拝啓」などを用いますが、メールでは「いつもお世話になっております」などの簡単な文が多いです。あいさつ文の前後に、差出人を明記することも忘れないでください。

次に、本文はできるだけ簡潔に、しかも具体的に書く必要があります。いくつかのポイントとして、

(a) メールの目的（要点）を明瞭にする
(b) 本文1行当たりの文字数は、最大35字程度で抑える
(c) 絵文字は利用しない（特にビジネスメール）
(d) 改行を適切に行い、文章構成を分かりやすくする

を意識します。必要な情報を正確に相手に伝えることが求められることから、送信前に本文を読み直し、校正作業を行います。

署名は、メール作成者が何者かを相手に知らせるものです。一般的には、①氏名、②メールアドレス、③所属組織名（会社名や大学名）と④住所を記し、メール本文の下に配置します。送信者の役職、FAX番号、ホームページアドレス（URL）を書くことも多いです。用途に応じ、複数の署名を作成しておくことも大切です。例えば、海外への

発信に備え、英語の署名が必要となります。

署名の例を以下に記します。

＝＝＝＝＝＝＝＝＝＝＝＝＝＝＝＝＝＝＝＝＝
田中ひろみ
hiromi@s.kotogakuin.ac.jp
古都学院大学　経済学部経済学科
〒000-0000　古都市中央区川上町1234
＝＝＝＝＝＝＝＝＝＝＝＝＝＝＝＝＝＝＝＝＝

最後のポイントとなりますが、メールの送信は、テキスト形式とHTML形式があります。送信の際、テキスト形式を選択することをお勧めします。

メールを受信したら

受信メールは、保存が必要なメール、もしくは不必要なメールに分けます。不必要なメールは削除しますが、削除することに抵抗があれば、一定期間保存し、その後削除します。ただし、不審なメールは開くことなく、直ちに削除します。間違っても添付ファイルを開いたり、リンクをクリックしないように注意します。不審メールは、①送信元メールアドレスやドメイン名が不自然、②日本語の使い方がおかしい、③「至急」、「アカウントを停止しました」など、切迫した状況を演出していることが特徴の１つです。

次に、受信したメールに対し、返信する必要がある場合について述べます。返信する場合、一般に２つの返信方法があります。ひとつは「返信」、他方は「全員に返信」です。「返信」は、メール送信者に対してのみ返信メールが届きます。しかし、「全員に返信」はCcの人にまで返信メールが届きます。メール送信者本人にのみ返信したつもりが、誤って全員に返信するミスが度々起きていますので、気をつける必要があります。

最後に、メールの転送機能についてです。受信したメールを関係者に送りたいとき、「転送」機能が使えます。メールのタイトルには、「Fwd:」「Fw:」などの記号がつきます。この記号により、転送先のメール受信者は、転送メールであることを理解します。また転送メールは、編集することなく転送することがマナーです。

おわりに

若い世代のみなさんにとって、電子メールはSNSやSMSのような「使い勝手の良いツール」ではないかもしれません。しかし、これは「慣れ」の問題です。恐れず、油断せず、電子メールを積極的に活用してください。

この章のポイント

- 電子メールアドレスの構造を理解しましょう。
- 送信先の種類を理解しましょう。
- メール本文は、簡潔かつ明快に記述しましょう。

おすすめブックガイド

■ メールを送信しよう

海津佳寿美 (2023).『一生使えるビジネスメールの「型」: 悩まず、早く、“伝わる”メールを書く基本』技術評論社 .

柴田真一・神藤理恵 (2019).『英文ビジネス e メールの教科書：書き方の基本から応用表現まで』NHK 出版 .

参考文献

神戸学院大学情報支援センター「情報活用の基礎」(https://www.kobegakuin.ac.jp/~ipc/top/textbook/index.html)

一般社団法人日本ネットワークインフォメーションセンター「ドメイン名とは」(https://www.nic.ad.jp/ja/dom/basics.html)

第7章
レポートの書き方をマスターしよう

読む前に考えよう

- あなたはレポートの出題意図を考えたことがありますか。過去のレポート課題を振り返ってみましょう。
- 情報の信頼性を確認するためにはどのような方法があるでしょうか。考えてみましょう。
- 剽窃や盗用行為を避けるために、どのようなことに気をつけるべきでしょうか。

はじめに

自由記述式のレポート課題では、確実な正答がない事柄を論理的に考察し、それを分かりやすく表現する力が求められますが、都築・新垣（2012）によると、自分の考えを客観的・合理的に表現することが得意ではない大学生が多いようです。そこで本章では、（1）レポート課題の出題意図を把握し、（2）適切な資料を集めて、（3）レポートの構成を決める、という3つの段階に分けて、レポート作成のコツを取り上げます。さらに、レポートが不正に作成されたものと見なされないために、剽窃行為・盗用行為について述べます。

レポートの出題意図を把握する

授業内外でレポート課題が課されたら、まずは、そのレポートの目的をしっかり把握しましょう。例えば、授業内容を理解できたかを確認するための課題なのに、自分独自の意見をいくら並べ立てても「授業内容を聞いていませんでした」ということを証明するレポートにしかなりません。ここでは、予想される出題意図に基づく形式をいくつか挙げます。

上記の例は、「授業内容をまとめなさい」のような出題形式のレポートです。この場合は、授業内で使用した教科書やハンドアウト、自分で取ったメモを活用し、指定された授業内容の範囲を網羅することが重要です。

一方、「〇〇について、調べたことをまとめなさい」といった形式のレポートでは、与えられたトピックに関して独自に調べたプラスアルファの情報が必要です。ただし、トピックをそのままキーワード検索して web 上の情報をペーストするのではありません。論点を自分で整理し、なぜそこに注目したのか、背景や理由を示した上でまとめると効果的です。

最後に、「あなたの考えを述べなさい」という形式のレポートでは、自分が何を伝えたいのかを先に決めましょう。例えば、新しい考えを提案したいのか、何かに対する批判をしたいのか、何かと何かを比較したいのか、などです。単に「良い・悪い」「楽しかった・感動した」のような主観的な判断や感想を述べるのではなく、なぜそのような判断をしたのか、なぜそう感じたのか、論理的な根拠が必要です。

ここでは予想される出題意図を３パターンだけ挙げましたが、これらが組み合わさった出題形式や、まったく異なった形式の自由記述課題もあるでしょう。どのような形式であっても、まずは、出題者の立場に立って、何のために提出を求められているレポートなのかを考えると、順調なスタートを切ることができます。

適切な資料を集める

下準備の第二段階として、レポート内容の根拠や例となる資料を集め、整理しましょう。ここでは、授業内で提供されたデータ以外を自分で入手するときに、どのようなデータを参考にすればよいか、例を挙げます。

まず、みなさんが一番手軽にアクセスできるのが、web 上のデータです。上手に検索すれば最新の情報を入手できるという利点がありますが、誰が、いつ、どんな意図でアップしたのかが分からないものには注意が必要です。身元の分からない個人がつぶやいているような情報を鵜呑みにするのではなく、官公庁が出しているデータや学術論文など、その情報に対する責任の所在が明示されているものを選びましょう。

信頼できる資料を探すという点では、大学図書館のリファレンスコーナーで相談することも有効です。所蔵されている書誌だけでなく、電子版でアクセスできるものなど、図書館には豊富な資料が揃っています。大学図書館は、その大学が設置している学部での学びに関連する書物や資料を所蔵しているので、専門性という面でも優れています。ただし、図書館の開館時間に制限があるというデメリットはあります。開館時間に合わせて、レポート提出期限前に余裕をもって資料収集に取り掛かかりましょう。

web 上であれ図書館であれ、データを集めるのは簡単ですが、それが本当に使えるものなのかを吟味することが重要です。信頼できるデータのみを選んだ上で、そのデータが自分が主張したいこととどう関係するのかを整理しましょう。

レポートの段落構成を決定する

下準備の第三段階では、自分で大まかな目次を作って、どの段落に何文字割り当てるかの目安を立てましょう。多くの場合、次の表7-1のように「イントロダクション」と「まとめ」の間にいくつかの段落を挟み込む構成が好まれます。

表7-1　レポートの段落構成

A. イントロダクション ・レポートのトピックに関する背景を紹介する ・レポート内で何を取り上げるのかを網羅的に紹介する
B. メインの段落構成（例） ・対比・比較・賛否など、対になるもの ・時系列・地域別など、一定の基準で区分できるもの ・事例・理由など、異なった視点で区分できるもの
C. まとめ ・レポート内で触れた内容を網羅的に再掲してまとめる

表中のBの部分にどのような段落を挟み込むかは、レポートが論理的に構成されていることを読み手に印象づけるための大きなポイントになります。例えば、何かと何かを比較したり、賛成意見と反対意見を述べたりする場合は２段落構成とし、１つの段落の中で中心となる主張を１つに絞りましょう。時系列や地域別などで段落を分ける場合は、古い順や近い順のように、系統立てて順序を決めましょう。事例や理由など列挙する数が多すぎる場合は、それらをさらにカテゴリー化して２つか３つにまとめると、読みやすくなります。

文字数については、例えば、2,000字前後のレポートが課され、上記の表中Bで「時系列」の段落構成を選び「戦前・戦中・戦後」という３つの時期に分けるとすると、イントロダクションに250字、「戦前・

戦中・戦後」に500字ずつ、まとめに250字ぐらい、のように、文字数の目安を決めてから書き始めましょう。500字というと、本書の1ページの３分の２くらいの分量です。こうして段落ごとの文字数の割り当てを事前に決めておくと、ダラダラと書くことを避けることができます。

剽窃・盗用行為に注意する

本章「適切な資料を集める」の節で述べたとおり、信頼できる情報を集めて参考にするのは、大学生として学ぶ上で、好ましいことです。ただし、誰が、いつ、どのような場で公にした情報なのかを、ルールに従って明記しなければ「剽窃行為」と見なされます。剽窃行為とは、誰かの著作物を自分のものであるかのように記述することです。国内では確実な対応策がまだ決まっていないことが問題になっていますが(竹内, 2022)、場合によっては重大な不正行為と見なされ、単位認定不可になるだけでなく、大学生としての信用を失います。

引用元を明記する際のルールにはいくつかのスタイルがあります。例えば、59ページで示した「都築・新垣（2012)」や、上の段落で示した「(竹内, 2022)」のような表記法、66ページに示す「参考文献」の書き方は、APAというスタイルに従ったものです。これは社会科学分野で標準的に使用されるスタイルですが、人文科学分野ではMLAやシカゴスタイル、科学分野ではAMAスタイルのように、研究分野によって奨励されるスタイルが異なります。どのようなスタイルを用いる必要があるか、担当教員の指示に従ってください。

また、他の受講生と類似したレポートを提出したことが原因で、盗用の疑いをかけられるリスクにも注意しましょう。人のレポートをそのまま写してはいけないことはみなさん理解しているはずですが、誰かと同じwebサイトを書き写したり、AIが自動生成した文章をコピーペーストしたために、知らないうちに誰かとレポート内容が酷似してしまうという事例が増えています。このような問題を避けるため、自分の言葉で文章を書きましょう。

近年、AIが文章を書いてくれるシステムが開発されると同時に、剽窃や盗用を検出するための便利なシステムも開発されています(上野他, 2006)。悪気があってもなくても、一旦失った信用を取り戻すのは大変なことです。誰かの著作物を参考にしたならそれを明記しましょう。また、手っ取り早くAIの助けを借りると、思いがけない落とし穴が待っていることを、お忘れなく。

おわりに

本章では、レポート執筆の手順を示しました。面倒なようでも、執筆前に「出題意図を把握する」「適切な資料を集める」「段落構成を決定する」という3つの準備をしてから書き始めましょう。また、せっかく書いたレポートが剽窃・盗用行為と見なされないよう、誰かの意見を参考にする際には、一旦自分で消化してから、自分の言葉で表現しましょう。

この章のポイント

- 自由記述のレポート課題は、「出題意図を把握する」「適切な資料を集める」「段落構成を決定する」という３つの手順に沿って取り掛かれば、さほど難しいものではありません。
- 特に、段落構成を決定する際には、「イントロダクション」と「まとめ」の間に挟み込む内容の論理展開を先に決めましょう。その上で、それぞれの段落に何文字ほど割り当てられるかを計算すると、バランス良いレポートになります。
- 剽窃行為は「知らなかった」では済まされない、犯罪行為です。学生生活が台無しにならないよう、十分に注意しましょう。

おすすめブックガイド

■文献引用の方法について

The Modern Language Association（著）・長尾和夫（監修 , 訳）・フォースター紀子・マーティン , T.(訳) (2017).『MLA ハンドブック〈第８版〉』秀和システム .

アメリカ心理学会（著）・前田樹海・江藤裕之（訳）(2023).『APA 論文作成マニュアル〈第３版〉』医学書院 .

■レポート作成について

石井一成 (2011).『ゼロからわかる大学生のためのレポート・論文の書き方』ナツメ社 .

河野哲也 (2018).『レポート・論文の書き方入門〈第４版〉』慶應義塾大学出版会 .

戸田山和久 (2022).『最新版　論文の教室：レポートから卒論まで』NHK 出版 .

■剽窃行為について

別冊宝島編集部（編）(2008).『パクリ・盗作スキャンダル事件史』宝島社 .

今野真二 (2015).『盗作の言語学：表現のオリジナリティーを考える』集英社（集英社新書）.

参考文献

竹内慶至 (2022).「レポート課題に対する剽窃問題：剽窃事例から対応策を考える」『名古屋外国語大学論集』11, 21–30.

都築幸恵・新垣紀子 (2012).「賛否の分かれる身近な社会問題に対する大学生の思考プロセスの分析」『認知科学』19 (1), 39–55.

上野修司・高橋勇・黒岩丈介・白井治彦・小高知宏・小倉久和 (2006).「複数の Web ページから剽窃したレポートの発見支援システムの実装」『情報処理学会研究報告』41–46.

第２部

社会人としての心構え

第８章
異文化との向き合い方

読む前に考えよう

- 学校や職場で、異なる文化背景を持つ人々と接した経験はありますか。
- 声のトーンや表情、ジェスチャーなどが重要だと感じた経験はありますか。どのような場面でそのようなことを感じましたか。
- 異なる世代の人々とのコミュニケーションで感じた文化の違いについて考えてみましょう。

はじめに

日本学生支援機構（2023）の調査によると、日本の大学や専門学校、日本語教育機関に在籍する留学生の数は、新型コロナウイルス感染症の影響を受けた数年間は激減したものの、今後順調に増加していくことが予想されます。また、厚生労働省（2024）のデータによると、国内の外国人労働者数は届け出が義務化された2007年以降、過去最高の水準に達しています。

みなさんも学校やアルバイト先などで、話し方や外見が自分とは異なる人と出会うことがあるのではないでしょうか。あるいは、あなた自身が外国の文化の中でマイノリティとして過ごす経験をすることになるかもしれません。本章では、異なった文化を持つ人同士がコミュニケーションを取る際に違和感を持つ可能性がある事例を２つ取り上げ、その違和感を大きなトラブルに発展させないためのコツを３つ紹介します。異文化の要因を出身地だけでなく世代差にも広げて考えると、これから社会に出ようとする人たち全員に当てはまることがあるはずです。

事例１：伝える順序の違い

図 8-1 は、書き手の母語タイプによって英作文のスタイルが異なることをアメリカの応用言語学者がイメージ化したものです（Kaplan, 1966）。必ずしもこの分類が正確とは限りませんが、物事を伝える手順が多様であることが一目で分かるので、頻繁に引用される図です。日本語はこの図の中の Oriental（東洋語）に含まれます。

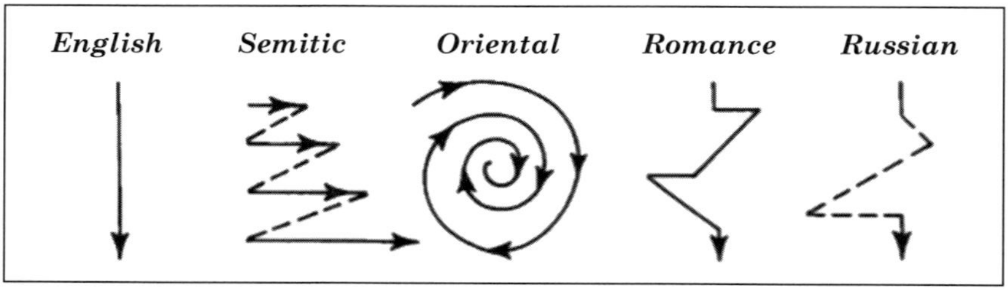

図 8-1　言語による思考パターンの例

Kaplan（1966:15）より引用

例えば、何かの勘違いが原因で理不尽に叱られたときのことを想像してみてください。日本語の文化では、不本意ではあっても、相手を怒らせたことをひとまず謝り、なぜ誤解が生じたのかをあの手この手で探りつつ、相手の気持ちが落ち着いた頃合いを見計らって「実はあの時のことなんですが」のように、自分が一番伝えたい内容の中心に進むという伝え方が好まれます。

一方、意見の相違を周辺から埋めていくこのようなスタイルに慣れていない人は、自分が悪くないと思っているときに謝罪をするのは逆に不誠実だと感じるでしょう。最初から直球で気持ちを伝えるスタイルは攻撃的に見えるかもしれませんが、これは話し手自身の性格によるものではなく、コミュニケーション上のマナーとして培ってきたスキルが異なるだけのことなのです。

事例2：声のトーンや表情の違い

日本語学習者用の教科書を見ていると、相手から褒められたときにまずは謙遜するというパターンの会話例が出てくることがよくあります。謙遜するときには「とんでもないです」のような否定的な言葉を使うのに、実は心の中では肯定的に喜んでいる様子が声のトーンや表情に表れます。しかし謙遜の文化に慣れていない人にとっては、ポジティブなことを言ってくれている相手をなぜ否定するのか理解が難しく、教科書どおりに発話する練習をしても、ふさわしい声や表情にならないことがあります。

コミュニケーションは単なる言葉のやり取りではなく、声のトーン、表情やジェスチャーなどを伴います。このような言葉以外の手段によるコミュニケーションは「非言語（ノンバーバル）コミュニケーション」と呼ばれます（ヴァーガス，1987）。多くの場合、非言語メッセージは無意識のうちに発せられますが、言葉自体よりも非言語メッセージの方が相手に強い印象を残すことが知られています。

言語を学習する際にこういった非言語的な部分も含めてトレーニングをしておくと良いのですが、覚えたばかりの日本語のフレーズを声に出すのが精いっぱいの段階の学習者もいます。社交辞令で少し持ち上げてもらっただけなのに横柄な態度で全否定のトーンで謙遜のフレーズを暗唱してしまうこともあるかもしれません。こういう場面に遭遇したら、自分自身が習いたての言語で精いっぱい話そうとしている状況を想像してみてください。

異文化との向き合い方

では、どうすれば、上記のような違和感を大きな誤解に発展させずに済むでしょうか。

第一のコツは「声に出してみる」ということです。これには２つの方向があります。あなた自身が慣れない言語で相手の文化に適応しようとしているのであれば、外国語のフレーズを目で見るだけではなく声に出して、体全体で覚えましょう。何度も口にしているうちに、それが自然なこととなるはずです。反対にあなたの文化に適応しようとしている相手の発言や態度に違和感がある場合も、「この人は○○出身者だから仕方ない」と心の中で納得するのではなく、その違和感を声に出して伝えましょう。相手が別の場面で同じ失敗を繰り返さないための良いアドバイスとなるはずです。

第二のコツは「ステレオタイプに気をつける」ということです。ステレオタイプとは「多くの人に浸透している先入観、思い込み、認識、固定観念、レッテル、偏見、差別などの類型化された観念」を指します（上瀬，2002: 5）。例えば上記の例で「この人は○○出身者だから仕方ない」と決めつけることもステレオタイプの形成につながります。逆にあなた自身が異国の地で、日本国民全体を代表するような立場に置かれたらきっと困惑することでしょう。コミュニケーションの相手を「○○出身者」と一括りにまとめてしまうのではなく、１人の人として接しましょう。

最後に、「諦めも大事」です。徳川家康が残した言葉として「人の一生は重荷を負うて遠き道を行くがごとし」で始まるフレーズがあります。その中では、人生は大変なものだということが分かっていれば、大変なことも受け入れられるということが説かれています。つまり、違和感も不満もひっくるめて、相手の立場に立って考えてみれば、人は優しく穏やかに過ごすことができるということです。

地域に根づく文化だけではない

「異文化」というと、これまでに取り上げたような出身地による文化の違いに焦点が当てられがちですが、文化を形成する要素は、職業、年代、育ってきた環境など他にも多くあります。

例えば、近年の日本の若者は周囲から浮いてしまうことを恐れて、目立つ行動を避ける傾向が強いといわれています（金間，2022）。ちょうど同じ時期に中国でも、最低限しか働かずに質素な生活を送ることを目標とする若者が急増し社会現象となりました（中島，2021）。努力して成功するよりも「埋もれていたい」「質素な生活をしたい」と感じる若者たちの心境は、日本や中国でバブル期を駆け抜けた世代には理解しがたいかもしれません。つまり、この場合は、地域による違いよりも世代間の違いの方が大きいということになります。

もしあなたが本書を読みながら「大人が面倒なことを押しつけてくるけれど、時代が違うのだから放っておいてほしい」と感じているなら、それも異文化理解の一環と考えてみてください。国際化が進む現代社会で日本の文化を共有しない人たちとの関わりを避けて過ごせないのと同様に、みなさんのような若者も、バブル世代も氷河期世代もZ世代も、同じ社会で共生していくことになります。

考え方が異なる人たちとのやり取りの中で違和感があれば、「○○世代には何を言っても無駄」と決めつけずに、声に出して伝えてみましょう。そうすれば、あなたが「現代の若者の代表」ではないのと同じように、相手も「○○世代の代表」ではなく、境界があいまいな、ただの個人であることに気づくことでしょう。諦めて、違いを受け入れるのは、その後でも遅くないはずです。

おわりに

この章では、「叱られたとき」「褒められたとき」を例に誤解が生じる可能性がある事例を２つ示し、異文化との向き合い方として「声に出してみる」「ステレオタイプに気をつける」「諦めも大事」というコツを示しました。異文化間で生じる違和感に対する向き合い方は、出身地が異なる人同士だけでなく、年代が異なる人との間でも有効です。他者との関わりの中で「何だかうまくいかない」と感じたときに、参考にしてください。

この章のポイント

- コミュニケーション上のマナーは、それを身につけた環境によって異なります。
- 言語で伝えるメッセージだけでなく、非言語コミュニケーションにも気を配りましょう。
- 異文化間で違和感が生じるのは当然ですが、それと上手に向き合う方法を身につけましょう。
- 異文化の要因を地域以外にも広げると、世代間で生じる違和感にも応用することができます。

おすすめブックガイド

■異文化理解について

青木保 (2001).『異文化理解』岩波書店（岩波新書）.

本名信行 (2005).『異文化理解とコミュニケーション（1）ことばと文化』三修社 .

平田オリザ (2012).『わかりあえないことから：コミュニケーション能力とは何か』講談社（講談社現代新書）.

■非言語コミュニケーションについて

岡本真一郎（編）(2023).『コミュニケーションの社会心理学：伝える・関わる・動かす』ナカニシヤ出版 .

ペントランド , A.（著）・安西祐一郎（監修）・柴田裕之・安西祐一郎（訳）(2020).『正直シグナル：非言語コミュニケーションの科学』みすず書房 .

竹内一郎 (2005).『人は見た目が９割』新潮社（新潮新書）.

参考文献

日本学生支援機構 (2023).「2022(令和4)年度外国人留学生在籍状況調査結果」(https://www.studyinjapan.go.jp/ja/statistics/zaiseki/data/2022.html)

厚生労働省 (2024).「「外国人雇用状況」の届出状況まとめ」(https://www.mhlw.go.jp/stf/newpage_37084.html)

Kaplan, R. B. (1966). Cultural thought patterns in inter-cultural education. *Language Learning, 16* (1&2), 1–20.

ヴァーガス, マジョリー F.（著）·石丸正（訳）(1987).『非言語（ノンバーバル）コミュニケーション』新潮社（新潮選書）.

上瀬由美子 (2002).『ステレオタイプの社会心理学：偏見の解消に向けて』サイエンス社.

金間大介 (2022).『先生、どうか皆の前でほめないで下さい：いい子症候群の若者たち』東洋経済新報社.

中島恵 (2021).「中国で、若者の「世捨て人」化 =「タンピン主義」が大議論を巻き起こしていた…！」現代ビジネス , 講談社. (https://gendai.media/articles/-/83971)

第９章
性的多様性について考える

読む前に考えよう

- 「女性は…」「男性は…」というような性別に関する固定観念やステレオタイプについて、どのように感じていますか。
- 性的多様性と聞いて、思い浮かぶことは何ですか。
- 女性や性的マイノリティが社会で直面する課題にどんなものがあると思いますか。

はじめに

大学生になると、これまでよりもたくさんの人と出会うことになるでしょう。親友になるかもしれないし、キャンパスですれ違うだけの関係かもしれませんが、あなたは、さまざまな人と一緒に大学で、そしてこの社会で生きています。

私たちはそれぞれに違う人間ですが、人を分けているものの１つに性差があります。性差を意味するジェンダーは、国際的な取り組みである SDGs（持続可能な開発目標）の１つでもありますから、すでに聞いたことがあるはずです。ただしジェンダーは、「遠い国」の、あるいは「私やあなたではない誰か」の問題ではありません。普段はあまり意識していないかもしれませんが、私やあなたにも「女」や「男」といった性的な区分がくっついていて、「私」の個性を作っていたり、ときには「私」が自由に生きることを難しくしています。

あなた自身、そしてあなたがこれから出会う人たちを理解するためにも、ジェンダーやセクシュアリティについて学びましょう。性的多様性の意味や、私たちの社会の課題についても見えてくるはずです。

「男の子？　それとも女の子？」

まず、次のページの絵を見てください。左の人が、「男の子？　それとも女の子？」と聞いています。ベビーカーにはおそらく赤ちゃんが乗っているのでしょう。赤ちゃんの性別を聞くという、よくあるシチュエーションのようです。ところが、右の人は「分からない。まだ話さないから」と答えています。なぜでしょうか。「赤ちゃんにも性別はあるはずでは？」と思いませんでしたか。この２人の会話はなんだか噛み合っていませんね。実はこのすれ違いは、「何を基準にして人の性別を考えているか」についての理解が、２人の間で異なっているために起きています。

では次に、２人の会話の謎を解くヒントとして、人の性的側面を説明する概念を紹介しましょう。

人が出生時に割り当てられる性別のことをセックスといいます。生物学的な区分で、主に外性器の有無によって決定されます。戸籍やパスポートにはこの区分が採用されています。

他方で近年では、セックスに基づいて後天的に身につけていく性的な側面をジェンダーと呼び、セックスと分けて考えるようになりました。文化的・社会的につくられた性ともいいます。その社会の「女らしさ」「男らしさ」をめぐる価値観が、性格や考え方、趣味や格好など、成長の過程で「その人の個性」として捉えられる要素にも強く影響を与えることが明らかになっています。

また、服装や仕草を通してその人が表現する「女らしさ」「男らしさ」

を、ジェンダー・エクスプレッション（性表現）といいます。そして、性的に何者であるかという問いに対して、それまでの経験に基づいて自分で出した答えを、ジェンダー・アイデンティティ（性自認）といいます。

最後に紹介するのは、セクシュアリティという概念です。日本語では性的指向と書きます。同性愛・両性愛・異性愛、あるいは誰にもそうした関心を向けない人など、性的関心の在り方について理解するための概念です。

一気に説明したので、少し混乱するかもしれません。しかしこれらの概念を理解すれば、人の性的な在り方がいかに多様であるか想像できるようになるはずです。

一人一人の性的多様性

さて、人の性的な側面について、さまざまな説明の仕方があることが分かったと思います。ところが、私たちの社会では、法律も教育も医療も日常の人間関係も、そして映画やドラマなどの物語においても、ほとんどの場合、セックスをその人の性別として認識しています。注意しておかなくてはいけないのは、セックスに基づく性別認識を唯一絶対とする考え方は、他の性的側面のあり方、つまり人の性的多様性を見えなくしたり、認めないことにつながりやすいという点です。

例えばこれまでは、もしも女性として生まれたら、女性らしい振る舞いや考え方を身につけ、女性らしい格好を好み、男性に恋愛感情を抱くのが「当たり前」で「望ましい」、もっといえば「あるべき姿」と考えられてきました。

しかしみなさんもよく知っているように、背の高い女性もいれば、ぬいぐるみが好きな男性もいますし、同性を愛する人や、男性に生まれて男性としてのアイデンティティを持ちながらいわゆる女性に近い服装を好む人もいます。よく考えてみれば、人は「女」や「男」といった生物学的に決定されたセックスによって「あるべき姿」が規定されるような、一面的な存在ではありえません。性的なあり方には、グラデーションの濃淡を持ちながら人の数だけバリエーションがあるのです。

セックスとそれ以外の概念は必ずしも連動しないこと、そして「女」や「男」に貼りついていて、もしかしたらあなたや誰かを縛っているかもしれない「当たり前」を疑ってみることを忘れないようにしましょう。大事なことは、あなた自身もまた、性的多様性を構成する1人であるという事実です。

マイノリティが生きづらい社会

次に、私たち自身から、私たちを取り囲んでいる社会へと視点を移してみます。私たちの社会は、性的な区分によって生きやすさが異なっています。

男女格差について聞いたことがあるでしょうか。近年では、世界経済フォーラムが実施しているジェンダー・ギャップ指数が有名です。政治的決定権や経済的豊かさ、教育を受ける機会、健康などにおける男女間の隔たりを知るための国際的な指標です。残念なことに、日本は国際標準に比べて男女格差がとても大きい国であることが明らかになっています（World Economic Forum, 2024）。

男女格差が示しているのは、日本社会は男性優位社会であるという事実です。経済的自立の難しさ、「女性らしい」見た目や気遣いが求められること、家事・育児・介護などのケア労働の軽視、セクハラ、DV、性暴力などのさまざまな問題は、個々人の価値観や男女間のコミュニケーションにまで影響を及ぼし、特にマイノリティである「女性」を生きている人にとって、自由に生きることを難しくしてきました。

さらに、性的マイノリティの人たちにとってはどうでしょうか。日本の制度や慣習は、異性愛者や出生時に割り当てられた性別に異和感のない人たちを前提に作られています。例えば同性同士では結婚できませんし、戸籍上の性別の変更には手術要件などの高いハードルが設けられています。

また、まだよく知らない人に対して「彼氏（彼女）いるの？」と問うようなコミュニケーションは、異性愛、あるいは誰かに性的関心を持っていて当然だという前提を置いたものです。見た目の情報のみで「くん」「ちゃん」と呼び分けることもよくあります。こうした日常生活の何げないやりとりの中でも、「自分がいないことにされている」と感じる人がいます。

一緒に生きていくために

ふとした何げない言葉が、相手を傷つけていたり、貶めたりしていることがあります。例えば「女の子なのにすごいね」「性別なんて関係ない。こだわる必要なくない？」などの言葉を聞いたことはないでしょうか。これらの言葉の裏には、「女の子にできるはずがない」とか、「性差の悩みは小さい」というように、その人が無意識のうちに持っている偏見や思い込みが隠れていて、表向きは肯定的な言葉にみえても相手には否定的なメッセージとして伝わってしまうことがあります。最近では、こうしたコミュニケーションをマイクロアグレッション（無自覚に行われる小さな攻撃）と呼んで、振る舞いや言葉の選び方に注意を払うことの大切さが指摘されています。

おわりに

性的多様性を手掛かりに見てきたように、私たちの社会は、すべての人に平らではなく、でこぼこになっています。誰かの立っている場所から見える風景は、自分の場所からのそれとは違うかもしれません。この社会の地形に気づくことが、マイクロアグレッションを防ぐためにとても大切なのです。

性に貼りついている「当たり前」を分析したり、性をめぐる社会の仕組みについてよく考えてみましょう。あなたが知ろうとすることは、必ず、あなた自身と、あなたが一緒に生きていく人たちを今より自由に、今より生きやすくすることにつながります。

この章のポイント

- 人の性的側面を説明する５つの概念を理解しましょう。
- 性をめぐる「当たり前」に疑問を持ち、私たち一人一人が性的に多様であることを知りましょう。
- ジェンダーやセクシュアリティの視点から、私たちの社会の課題について考えましょう。

おすすめブックガイド

■ジェンダーについて

木村涼子・伊田久美子・熊安貴美江（編）(2013).『よくわかるジェンダー・スタディーズ：人文社会科学から自然科学まで』ミネルヴァ書房.

小林美香 (2023).『ジェンダー目線の広告観察』現代書館.

小川たまか (2018).『「ほとんどない」ことにされている側から見た社会の話を。』タバブックス.

澁谷知美・清田隆之（編）(2022).『どうして男はそうなんだろうか会議：いろいろ語り合って見えてきた「これからの男」のこと』筑摩書房.

清水晶子 (2022).『フェミニズムってなんですか？』文藝春秋（文春新書).

エトセトラブックス (2019).『フェミマガジン エトセトラ』エトセトラブックス（雑誌).

■性的多様性について

ポーレン, J.（著）・北丸雄二（訳）(2019).『LGBT ヒストリーブック：絶対に諦めなかった人々の 100 年の闘い』サウザンブックス社.

風間孝・河口和也・守如子・赤枝香奈子 (2018).『教養のためのセクシュアリティ・スタディーズ』法律文化社.

松岡宗嗣 (2021).『あいつゲイだって：アウティングはなぜ問題なのか？』柏書房.

森山至貴 (2017).『LGBT を読みとく：クィア・スタディーズ入門』筑摩書房（ちくま新書).

荻上チキ (2023).『もう一人、誰かを好きになったとき：ポリアモリーのリアル』新潮社.

周司あきら・高井ゆと里 (2023).『トランスジェンダー入門』集英社（集英社新書).

参考文献

World Economic Forum (2024). Global Gender Gap Report 2024.（https://www3.weforum.org/docs/WEF_GGGR_2024.pdf）

第10章
健康づくりのための運動・スポーツ

読む前に考えよう

- 最近の生活で運動不足を感じていますか。その原因は何だと思いますか。
- 理想的な体型の維持には何が重要でしょうか。痩せすぎたり太りすぎたりするとどのような問題が起こるでしょうか。
- 今から運動を始めるときに、最初の一歩をどう踏み出すと良いと思いますか。

はじめに

大学生になってから、運動不足になっていませんか。「部活動を引退した」「受験に専念していた」「バイトを始めた」など、さまざまな要因が重なり、高校卒業以後、運動から遠ざかってしまったということをよく聞きます。

「運動不足は感じているけれど、健康のためにどれくらいしたらいいのか分からない」。このように思っている人のために、本章では健康づくりのために必要な身体活動・運動に関する推奨事項を示すとともに、気軽に始められる運動を紹介します。健康が損なわれてから運動に取り組み始めるのではなく、大学生の今から、生涯スポーツを行う習慣を身につけましょう。

運動・スポーツ実施の現状

図 10-1 は、学校期別に運動・スポーツ実施頻度をまとめたグラフです（笹川スポーツ財団, 2021）。中学から高校、高校から大学へ進むにしたがって、過去 1 年間に運動・スポーツをまったく実施しない人が増加し、中学校や高校卒業以後に、大きな変化があることが分かります。

それでは、20 歳以降の実施状況はどうなっているでしょうか。第 3 期スポーツ基本計画では「1 回 30 分以上の軽く汗をかく運動を週 2 回以上実施し、1 年以上継続している運動習慣者の割合の増加」を目指すとの目標が掲げられています（スポーツ庁, 2022）。この割合は、スポーツ庁（2023）によると、20 歳以上全体で 27.2% でした。なお、20 代男性は 26.4%、20 代女性は 14.9% です。つまり、20 歳以上になると運動習慣のある人は全体の 3 割以下となること、そして、若い世代で

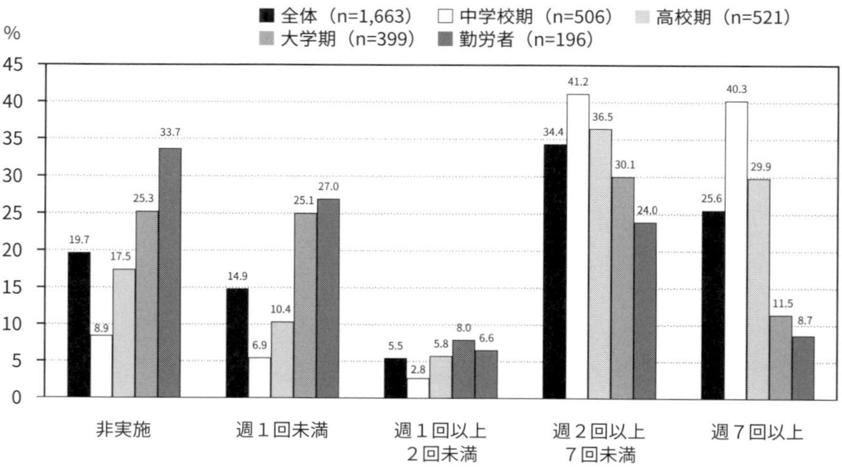

図 10-1 運動・スポーツ実施頻度（12 歳～ 21 歳：全体・学校期別）

資料：笹川スポーツ財団「12 歳～ 21 歳のスポーツライフに関する調査」（2021）より筆者改変

運動習慣のある人は男性よりも女性の方がかなり少なくなります。学校期が進むにつれてなくなってしまった習慣は、おそらくこれから先の人生でもそのまま続いていくでしょう。

体型評価について

身体を動かすことが健康に良いということは、これまでの学びから知っていることと思います。心血管疾患や２型糖尿病、がんなどの予防に効果があるだけではなく、うつ病や不安症状の予防など、メンタル面における効果も注目されています。このように、心身両面における健康づくりにプラスの影響を与えているのが、運動・スポーツです。

さらに、若い世代の関心が高い項目として挙げられるのが、健康的な体型の維持につながることではないでしょうか。体型の変化が大きなモチベーションとなることの多い若い世代が、知っておくべき体型評価の基礎知識をここで説明します。

あなたの BMI は、体重 (kg) ÷ {身長 (m) × 身長 (m)} で計算することができます。BMI 18.5 未満は「やせ」、18.5 以上 25 未満が「普通」、25 以上が「肥満」とされています。ただし、アスリートのように筋肉量が多い人は、筋肉で体重が重くなっていると考えられるため、この評価に当てはまらないことがあります。なお、BMI 22 となる体重が標準体重とされています。

ちなみに、BMI を算出するために測定する体重ですが、これだけを体型評価の指標として用いるのはあまり望ましくありません。短期的な体重の増減は、体内の水分量が大きく影響しているからです。体内の水分量は、発汗状況やむくみ・炭水化物の多い食事などの影響を受けます。体重の短期的な増減だけに一喜一憂して運動や食事のコントロールをしてしまうと、健康的な体型から遠ざかってしまいかねません。運動を長期的に続けていく中で、どのようにBMIや体つきが変化していくかという視点を持って、体型を評価するようにしましょう。

健康のための運動・スポーツ実践

それでは、具体的にどれくらいの運動をすることが健康づくりにつながるのでしょうか。ここでは、厚生労働省が2024年1月に発表した「健康づくりのための身体活動・運動ガイド2023」から、成人の身体活動・運動に関する推奨事項について紹介します（厚生労働省, 2024)。

- 歩行又はそれと同等以上の身体活動を1日60分以上（1日約8,000歩以上）
- 息が弾み汗をかく程度以上の運動を週60分以上
- 筋力トレーニングを週2～3日

個人差などを踏まえて取り組むことは大切ですが、基本的には、今より少しでも多く身体を動かすことを目標に始めていきましょう。なお、「息が弾み汗をかく程度以上の運動」には、ランニングなどの運動だけではなく、サッカーやバドミントンなどのスポーツも含まれます。そして、筋力トレーニングについては、マシンやバーベルを使用するものだけではなく、自らの体重を負荷とする腕立て伏せやスクワットなども含まれます。

この他に、推奨事項として「座位行動」が加えられました。これは、座りっぱなしの時間が長くなりすぎないように注意することを示した項目です。長時間の座位行動は健康に及ぼすリスクを高めるといわれており、30分に1回は座位行動を中断するよう推奨されています。

現在、運動習慣がない人は、まずは身体活動や座位行動に気をつけるところから始め、自分の体力レベルを踏まえつつ、可能なものから取り組んでいきましょう。それが、健康づくりにおける大きな一歩となるはずです。

おすすめの運動：ランニングとインターバル速歩

手軽で始めやすい運動の1つはランニングです。ランニングというと、持久走や校内マラソン大会の「ゼエゼエハアハア」が頭に浮かぶのではないでしょうか。しかし、健康のために行うランニングでは、そのようなスピードで走る必要はありません。軽く息が弾むくらい（隣に人がいればしゃべれるくらい）が推奨されるスピードです。これくらいのペースで走ると、季節の移り変わりを楽しめたりアイデアがひらめいたりと、さまざまな種類の走る楽しさを享受することができます。「ランニング＝速く走る」というイメージが強かった人ほど、ペースに対する認識が変わることで、ランニングに対する心理的ハードルが低くなるかもしれません。また、旅ラン（マラソン大会への参加と旅行とを組み合わせた造語）のような楽しみ方もあります。走ることが嫌いだった人も、大人になってからさまざまな魅力を知ることで、生涯スポーツとしてのランニングを楽しんでいる人がたくさんいます。

また、「今の体力だとランニングは厳しい」という方には、インターバル速歩がおすすめです。「ややきつい」と感じるペースで、「3分速歩」+「3分ゆっくり歩き」のセットを1日5セット（速歩合計15分）、速歩部分が1週間で合計60分になるよう実施するトレーニングです

（能勢，2019）。ポイントは、大股で歩くことです。日常生活の移動時に、この速歩を取り入れてみるのもよいかもしれません。体力に自信のない人は、まず速歩からチャレンジしてみましょう。

おわりに

本章では、健康づくりのために必要な運動の基礎について紹介してきましたが、それをどう継続するかが最後の課題になります。そこでポイントとなるのが、「やる気」に頼るよりも「仕組み」に頼ることです。なぜなら、「やる気」にはムラがあるため、継続する要素としては少し不安定だからです。三日坊主になってしまうのも、「やる気」を過信しすぎた結果かもしれません。

では、「仕組み」をどう作ればよいでしょうか。あなたの1週間のスケジュールが、だいたい同じようなサイクルになっているとすれば、その中で、いつなら確実に時間を作ることができそうですか。授業に行く前、授業終了後からバイトへ行くまで、バイト終わりの夜、もしくは、授業やバイトがない日など、あらかじめ、あなたが動くことのできる「仕組み」を作っておくことが、継続につながります。「やる気」は初めの一歩としてとても大事ですが、継続へとつながるのは「仕組み」です。運動・スポーツを継続するために、まずは仕組みを作ってみましょう。

身体を活発に動かすことで得られる健康的な心身は、他人が奪うことのできない、あなただけの人生の財産になってくれます。本章での学びや気づきが、みなさんの健康的な運動・スポーツ習慣の形成につながるはずです。

この章のポイント

- 運動・スポーツ習慣は、学校期が進むにつれて減少傾向となります。また、日本国民の約３割にしか運動習慣がなく、20 代では男性よりも女性の方に運動習慣がない人が多い傾向があります。
- 健康づくりのために、１日 8,000 歩以上、息が弾み汗をかく程度以上の運動を 60 分 / １週間、筋力トレーニングを週に２～３日の実施が推奨されます。
- 継続するためには、気軽にできる生涯スポーツとしてのランニングとインターバル速歩がおすすめであると同時に、自分の生活でどう取り組めるか「仕組み」を作る必要があります。

おすすめブックガイド

■ランニングの効果や実践について

ハンセン , A.（著）・御舩由美子（訳）(2022).『運動脳』サンマーク出版 .

鍋倉賢治 (2018).『マラソンランナーへの道』大修館書店 .

ランニング学会編 (2011).『走って　読んで　再発見！ランニングリテラシー』大修館書店 .

■ランニングの楽しさについて

マクドゥーガル , C.（著）・近藤隆文（訳）(2010).『BORN TO RUN　走るために生まれた：ウルトラランナー vs 人類最強の“走る民族”』NHK 出版 .

たかぎなおこ (2009).『マラソン１年生』KADOKAWA.

■筋トレの理論と実践について

野坂和則・坂詰真二（監修）(2020).『筋トレ革命：エキセントリックトレーニングの教科書』新星出版社 .

■スポーツ科学について

深代千之・内海良子 (2018).『身体と動きで学ぶスポーツ科学：運動生理学とバイオメカニクスがパフォーマンスを変える』東京大学出版会 .

参考文献

笹川スポーツ財団 (2021).「就学状況・学校期別にみる運動・スポーツ実施頻度」『子ども・青少年のスポーツライフ・データ2021』59-60.
スポーツ庁 (2022).「第３期スポーツ基本計画（令和４年３月25日）」(https://www.mext.go.jp/sports/content/000021299_20220316_2.pdf)
スポーツ庁 (2023).「令和４年度「スポーツの実施状況等に関する世論調査」の概要」(https://www.mext.go.jp/sports/content/20230324-spt_kensport02-000028561_1.pdf)
厚生労働省 (2024).『健康づくりのための身体活動・運動ガイド2023』(https://www.mhlw.go.jp/content/001194020.pdf)
能勢博 (2019).「インターバル速歩のやり方」『ウォーキングの科学：10歳若返る、本当に効果的な歩き方』(pp. 95-98). 講談社.

第11章
自然体験活動のすすめ

読む前に考えよう

- キャンプなど外での活動を今までにしたことがありますか。そのとき、どんな気持ちになりましたか。
- 自然の中での活動を取り入れることに対してどのような思いを持っていますか。
- 「自然と共生する世界」を作るために、あなたはどのようなことができると思いますか。

はじめに

みなさんはキャンプをしたことはありますか。川で泳いで魚をとったり、星空の下で焚火を囲み、ときを忘れて語り合ったりしたことはありますか。ある授業の中で、「山賊キャンプ」という小学生対象の自然体験活動を紹介したところ、「私も参加してみたい」「小学生のときに参加していたら、もっと違った人間になっていたのではないか」と感想を書いた大学生が何人もいました。しかし、今からでも決して遅くはありません。

本章では、まず、自然体験活動の定義や教育機関での取り組みの現状について述べます。次に、心身の健康のような個人的な側面から、自然体験活動の意義と価値について、国内外の学術的知見に基づき解説します。また、大学生のライフスタイルに適した活動フィールドとして、日本全国の47都道府県に設置されている都市公園を取り上げます。最後に、自然体験活動の社会的意義と価値について、社会連携教育の一環としての活動実例を紹介します。

自然体験活動とは

「自然体験活動」とは、自然の中で、自然を活用して行われる活動の総称です。具体的には、登山やハイキング、サイクリングやカヌー、自然観察、キャンプ等が挙げられます。自然環境に根差した歴史や文化を体験する活動についても含まれます。事業者が提供するガイドツアー、エコツアー等だけでなく、個人や団体の公園利用として行われる場合があり、環境教育活動等の一環として行われる場合もあります(環境省自然環境局長通知, 2022)。この定義からは、野外での活動だけでなく、室内での活動も含まれていることが分かります。

自然体験活動という用語が青少年教育の文脈で用いられるようになった1990年代は、気候変動枠組み条約や生物多様性条約が締結された環境政策の画期であり、地球環境問題への危機感が国際的に高まり始めた時期でした。その後、日本国内ではバブル経済が破綻し、あらためて「豊かさとは何か」を経済・社会・環境の３つの側面から問い直すべきという政策方針が「第三次環境基本計画（環境省, 2006)」で閣議決定され、21世紀を迎えました。

その後2022年には生物多様性条約の締約国会議で世界各国の代表が集まり、議論を積み重ねて、「自然と共生する世界を2050年までに実現する」という政策目標を決定しました。この目標の裏を返せば、自然と共生するということを世界共通の目標としてあえて明示しなければならない時代に、私たちは生きているのです。

教育機関での取り組みの現状をみると、近年、自然体験活動は義務教育の中で、自然学校や農山漁村との交流などを通じて推進されるようになってきました。一方、高等教育・学術研究機関においては、自然体験活動に関する特段の定めはありません。したがって、生態学や農学・林学・水産学のような専門分野を除けば、大学生自身が意識的・能動的に取り組む必要があります。

自然体験活動の意義と価値：個人的側面

本節では、自然体験活動の意義と価値について、個人的な側面について解説・考察するとともに、自然体験活動に取り組むための具体的なフィールドや方法について紹介します。

自然豊かな山や川、海などで体験できる活動としては、登山や川遊び、海水浴などの体を動かすアクティビティがあります。澄んだ空気、清らかな水の流れ、どこまでも続く地平線を眺めながらの活動を通じて、筋力・持久力といった身体的な機能の維持・増進が期待されます。

このような効果が発揮されるのは、必ずしも山、川、海などの比較的広い面積を有する地方の自然環境ばかりではありません。世界保健機関（WHO）は、都市部の公園などの緑地環境であっても、そこで活動することは精神的なストレスの緩和など、人々の健康にプラスの影響をもたらしていることを明らかにしています（WHO Regional Office for Europe, 2016）。

自然体験活動がもたらすプラスの影響は、肉体的なものだけではありません。2001（平成13）年に出生した子どもとその保護者を18年間追跡した文部科学省の全国規模調査によると、小学生の頃にキャンプ、登山、川遊び、釣り、海水浴、マリンスポーツ、ウインタースポーツなどの経験が多いほど、高校生の時点での自尊感情や外向性の項目で正の相関関係がみられたといいます（文部科学省，2020）。このような心身両面における効果は、一般的にもよく知られています。例えば、家族で行ったキャンプや、学校行事の遠足・スキー合宿などから、自分自身の体験を通じて実感している人も多いことでしょう。

しかし、前節で述べたように、大学生活の中では、自然体験活動が教育プログラムとしてあらかじめ用意されているわけではありません。自分自身で計画し、行動する必要があります。ここで「時間もお金もないから」などと理由をつけて尻込みをしていると、自然体験活動をまったくせずに大学生活を終えてしまうことになりかねません。

そこで、時間もお金もさほどかけずに自然体験活動に取り組む方法を具体的に紹介します。まずは、身近な都市公園に目を向けてみましょう。都市公園とは、日本の公園の一種で、都市公園法に基づき全国の47都道府県に設置されています。都市公園は公共の空間・施設で、良好な都市景観を形成し、防災性の向上に貢献したり、生物多様性の保全につながるなど、多様な機能を有しています。入場料は無料、もしくは民間の施設と比較すると安価で、交通の面からも公共交通機関を使用するなどして、多くの人が訪れやすい立地にあります。

各都道府県庁の公式ホームページには都市公園を紹介するページがあります。そこから身近な都市公園の情報を得ることができます。2000年代に入ってからは多くの都市公園において指定管理者制度が導入されており、空間や施設の管理だけでなく、それらの利用を促進するためのさまざまなイベントやワークショップが実施されています。野外活動や動植物の観察会、環境学習、クラフト体験など、大学生が気軽に参加できるイベントやワークショップを見つけることができるはずです。

自然体験活動の意義と価値：社会的側面

上述のように、児童や生徒を対象とした自然体験活動においては、心身の成長などの意義や価値が強調されがちです。一方、大学生は、自然体験活動がもたらす社会的な意義や価値についても自覚することが必要です。本節では、神奈川県立都市公園（以下「A 公園」）をフィールドとして実践された大学生対象の社会連携教育の実例を基に、自然体験活動の社会的な側面からの意義と価値について述べます。

神奈川県内には県立都市公園が 2024 年度時点で 27 カ所あります。そのうちの１つ、相模川沿いに広がる A 公園では 2014 年度から 2021 年度までの８年間、当時の指定管理者の協力により、自然共生デザインを専門とする大学３・４年生約 20 名がゼミナール活動に取り組みました。都会に住む子どもたちが自然環境と関わるきっかけとなるような自然体験教育プログラムを開発し、A 公園をフィールドとした自然体験イベントを大学生が企画プロデュースするというものです（二宮, 2021）。

2018 年度には「自然わくわく冒険隊～みつけて、きいて、さわって、かいで～」というネイチャーゲームを実施しました。まず「みつけて（視覚）」のミッションでは大きく鮮やかな黄色と黒の縞模様が目立つジョロウグモを見つけ歩き、次に「きいて（聴覚）」のミッションでは川の近くでさまざまな鳥の声に耳を澄ませ、「さわって（触覚）」のミッションではドングリやクルミと人工物の触り心地の違いを確かめ、最後に「かいで（嗅覚）」のミッションでは青い草や枯れた葉っぱの匂いをかぎ分ける、という内容でした。イベント当日には大学生はボランティアスタッフとして、子どもたちの安全を見守ると同時に、A 公園に生息する生き物や自然の魅力を伝えるインタープリターの役割を果たしました。

このように、都市公園は大学生にとって、個人的に自然体験活動を行う場としてだけでなく、地域の子どもたちなどを対象に、自然体験活動の意義と価値を広めていくような社会的に重要な存在としての力を発揮する場にもなっているのです。

おわりに

本章では、自然体験活動を定義し、その活動を通して得られる心身両面における効果と社会的な影響について説明しました。みなさんも生活の一部として自然体験活動を取り入れて、大学生活を心身共に健康で充実したものにしてください。そして同時に、「自然と共生する世界」を作る社会的責任のある大人としての一歩を踏み出しましょう。「自然と共生する世界」を作るのは、他でもない、私たち一人一人なのです。

この章のポイント

- 大学生の自然体験活動の入り口として、都市公園法に基づき日本全国47都道府県に設置・管理されている公共空間・施設としての都市公園は、費用や交通の面から最適です。
- 都市公園における自然体験活動には、心身の健康増進など個人的な意義と価値に加えて、より多くの人々の自然体験活動をサポートする社会的な意義や価値があります。
- 自然体験活動とは2050年の国際的な政策目標「自然と共生する世界」を構築する担い手となるための実践そのものであり、社会的な責任のある大人としての一歩を踏み出すことにもつながります。

おすすめブックガイド

■ 都市公園について

一般社団法人みんなの公園愛護会・椛田里佳・跡部徹 (2024).『推しの公園を育てる！：公園ボランティアで楽しむ地域の庭づくり』学芸出版社 .

■ 生物多様性について

及川敬貴 (2010).『生物多様性というロジック』勁草書房 .

宮下直・瀧本岳・鈴木牧・佐野光彦 (2017).『生物多様性概論：自然のしくみと社会のとりくみ』朝倉書店 .

■ 自然共生について

ソロー , H. D.（著）・佐渡谷重信（訳）(1845 / 1991).『森の生活：ウォールデン』講談社（講談社学術文庫).

参考文献

環境省 (2006).「第三次環境基本計画（環境から拓く　新たなゆたかさへの道）の閣議決定について」(https://www.env.go.jp/press/7033.html)

文部科学省 (2021).「令和2年度青少年の体験活動の推進に関する調査研究（21世紀出生児縦断調査を活用した体験活動の効果等分析結果）報告パンフレット（概要）」(https://www.mext.go.jp/content/20210908-mxt_chisui01-100003338_1.pdf)

環境省自然環境局長通知 (2022).「国立公園における自然体験活動促進計画取扱要領（令和4年4月1日環自国発第2204013号）」(https://www.env.go.jp/content/000048022.pdf)

中村正雄 (2009).「学校教育における野外活動と自然体験活動の動向」『野外教育研究』13(Ⅰ), (pp. 13-27).

二宮咲子 (2021).「都市公園の指定管理者制度を活用した大学における社会連携教育の成立過程と促進要因：実践的成果と課題の視点から」『関東学院大学人間環境学会紀要』36, (pp. 9-20).

United Nations (2022). Decision adopted by the conference of the parties to the conventions on biological diversity. (https://www.cbd.int/doc/decisions/cop-15/cop-15-dec-17-en.pdf)

Urban green spaces and health. Copenhagen: WHO Regional Office for Europe, 2016. (https://iris.who.int/handle/10665/345751)

第 12 章
自己形成を図るためのボランティア活動

読む前に考えよう

- 今までに社会貢献をしたことがありますか。その活動が自分自身や周囲にどのような影響を与えましたか。
- ボランティア活動をしたことがありますか。もししたことがない場合、どのような活動ならできるでしょうか。
- ボランティア活動を通じて得られるものはどのようなことだと思いますか。

はじめに

大学生活を送る中で、ボランティアへの参加を紹介されたり、推奨されたりする機会が増えます。しかし、ボランティアとは何でしょうか。本章では、ボランティア活動は社会貢献活動の１つであるという前提で、ボランティア活動を行う上で最低限押さえておくべき内容とボランティア活動に参加する意義を盛り込みます。

社会貢献とは何か

大学生の中には、自分の将来の進路について「社会貢献できる仕事がしたい」と考えている人が多くみられます。

では、「社会貢献」とは何なのでしょうか。その意味をオンライン版『広辞苑』で検索してみると、「社会のためになるよう力を尽くすこと」と記述されています。では社会とは何でしょうか。当たり前に使っている言葉ですが、あまり深く考えたことがないことかもしれません。同じく広辞苑で検索すると、以下のように紹介されています。

1 人間が集まって共同生活を営む際に、人々の関係の総体が一つの輪郭をもって現れる場合の、その集団。諸集団の総和から成る包括的複合体をもいう。自然的に発生したものと、利害・目的などに基づいて人為的に作られたものとがある。家族・村落・ギルド・教会・会社・政党・階級・国家などが主要な形態。「―に貢献する」
2 同類の仲間。「文筆家の―の常識」
3 世の中。世間。家庭や学校に対して利害関心によって結びつく社会をいう。「―に出る」

このことから、社会とは常に2人以上で構成されるものであり、1人では成立しないものであることが分かります。みなさんも大学という社会の中で生きていますし、友人たちとの社会の中で生きています。また、当然ながら家族とも社会を形成しながら生きているわけです。

そう考えていくと「社会貢献をする」という表現は少し違和感があります。アリストテレスは「ヒトは社会的動物であり、1人では生きていくことができない」と述べています。社会貢献はお互いにし合うものであり、社会で生きていく上で、一方的に社会貢献をするということはあり得ません。

このことの例の1つとして「勤労」が挙げられます。みなさんはアルバイトを通じて、社会とのつながりを持ちます。例えば、飲食店でアルバイトをする場合、お腹を空かしたお客さんに対してその商品を提供することも、立派な社会貢献活動の1つであるといえるかもしれません。その結果、その活動を継続させるための対価として、賃金が発生しているのです。

ですから、経済活動も社会貢献活動の１つとして捉えられます。また、私たちが得た収入は、税という形で国や自治体に納められ、社会保障に充てられたり、道路などのインフラの整備に充てられたり、消防や警察のような治安維持活動に使われたりしています。つまり、もしあなたが「将来、社会貢献できる仕事がしたい」と考えているのであれば、社会貢献につながらない仕事はないはずなのです。

このように私たちは１人では生きていけず、常に社会というものを形成し、社会貢献し合いながら生活を営んでいます。突き詰めると、社会貢献とは「生きること」と言い換えることができるかもしれません。大学生活４年間でさまざまな人々との関わり合いの中で、ぜひ新たな自分を見つけてください。

ボランティア活動に求められる態度

ボランティアとはラテン語の「volo」を語源とした言葉です。「volo」とは「意志」という意味であり、そこから派生し「voluntas= 自由意志」につながっているといわれています。このことからボランティアとは、「自らの意思で行動する人」と解釈することができます。そして、このボランティア活動は社会貢献を行う上で、重要な行動の１つでもあります。

みなさんは今までの人生の中で、さまざまなボランティア活動に従事した経験があるかもしれません。大学生活は、その機会がますます増える４年間でもあります。そして、ボランティアをするにも必ず持つべき考え方が存在します。それらをここで紹介します。

ボランティアに必要な要件には、主に①自発性、②社会性、③無償性、④創造性、⑤継続性、⑥責任性の６つがあります（前林，2016）。

① 自発性とは、誰からも強制されることなく、自らの意思により活動することです。友人や他人から、「参加しなさい」と言われ、強制され参加するものではありません。ただし、大学などの教育機関が推奨するものはボランティア教育と呼ばれ、ボランティア活動とは一線を画すものです。

② 社会性とは、自分の利益のために行うのではなく、社会的・利他的なものとして相手のために行うことです。また、自身がどれだけ良いと思っても相手のためにならなければ、社会性を有しているとはいえません。ボランティアを行う上で、相手のニーズ（困りごと）を把握することは極めて重要です。

③ 無償性とは、報酬を得ないということです。しかし、ここでいう無償とは、労力に対して無償であり、交通費や食事代をいただく程度は問題がないと考えられています。

④ 創造性とは、ボランティアを行う上で、社会の欠陥を補うだけではなく、新しいことを作り出していくことです。

⑤ 継続性とは、やりだした限り続ける必要があるということです。ボランティアを始めたはいいものの、途中で放り出したり、「もういいだろう」などと一方的に辞めてしまうことは問題です。

⑥ 責任性とは、先ほどの継続性と似ていますが、始めた限り、相手に対しての責任が生じるということです。途中で投げ出し、相手に「こんなことならやってもらわない方がよかった」と思われる活動をしてはなりません。

ここで挙げたようにボランティアを行う上で、いくつかの遵守すべき要件があります。これらを理解した上で、実りある活動に励んでください。このように書かれるとボランティアはとても大変なことのような気がしてしまうかもしれません。しかし、大切なことは、困っている人を助けたいと思うその気持ちです。その気持ちを勇気を持って実践につなげましょう。

自己形成〜社会の中の自分

E. H. エリクソン（1902 〜 1994）が 1950 年代にアメリカで「アイデンティティの確立」を発表しました。アイデンティティとは「私はこういう人間である」という自我を形成し理解する概念のことです。みなさんは自分のことを誰かに伝えるときに、「私の性格は○○です」と自己紹介すると思いますが、その性格は昔から変わっていないでしょうか。「小学生の頃は引っ込み思案だったけれども、今はグループの中心にいる」という人もいるのではないでしょうか。このように発達段階に応じて「私らしさ」は変容し、同時に形成されていきます。E. H. エリクソンはおおよそ 18 歳前後にアイデンティティが確立すると述べていますが、1950 年と現在では社会は大きく変容しています。1950 年代の日本では、大学進学する人は圧倒的に少数派でした。しかし現代では大学をはじめとする高等教育への進学率は 80% を超え、18 歳以降も学びを深めています（文部科学省, 2023）。学びを深めるということは、新たな自己形成に寄与するということです。そのような社会的背景から前林（2016）は、現代の若者のアイデンティティの確立は大学を卒業した２、３年後の 24、25 歳頃であると述べています。

ですので大学生活の４年間はアイデンティティ確立の最終段階です。

その最終段階であるこの時期に「利害関係が発生せず、誰かのために活動する」経験はアイデンティティに大きな影響を及ぼします。これらのことから、ボランティア活動を行うことで、まだ見ぬ新たな自分の姿を見ることができるかもしれません。

おわりに

大学生活の４年間は、驚くほど早く過ぎ去っていきます。その要因は日々の充実感かもしれませんし、青春のはかなさかもしれません。しかし、この４年間はかけがえのない時間になるはずです。どうかたくさんの人と出会い、たくさんの経験をし、たくさんの思い出を作ってください。それが、将来の糧となり、みなさんが将来困ったときや悩んだときに、背中を押す勇気を与えてくれるはずです。

そして大学生活は非常に忙しいです。授業もありますし、アルバイトもありますし、部活動に励む人もいるでしょうし、友人とさまざまな場所に出かける機会もたくさんあります。その忙しい中でも、時間を見つけて、ボランティアに参加してください。

最後に、ボランティアは誰のためにするのかを考えてください。きっと目の前の困っている人を助けたいと思う気持ちが、一歩を踏み出す勇気になると思います。しかし、その行動が相手への押しつけにならないようにしてください。あなたが行った行動によって相手は喜んでくれるでしょうが、同時にあなた自身の成長を推し進めるものにもなります。つまり、ボランティアは相手のためだけに行うものではありません。あなたの自己満足を得るためのものでもありません。自分自身の成長や考えや学びを深めてくれるきっかけとなるものです。

すべては相手があってこそです。ぜひお互いがリスペクトを持ち、支え合えるWIN-WINな関係を形成してください。ボランティアを通じて、たくさんの人と出会い、自身の成長につなげましょう。その成長は点数には表れませんが、きっとみなさんの人間力を育んでくれるはずです。

この章のポイント

- ボランティア活動を行う上で重要な要件には、主に①自発性、②社会性、③無償性、④創造性、⑤継続性、⑥責任性の６つがあります。
- ボランティアを行う際には、相手への押しつけでなく、お互いがリスペクトし合い、WIN-WINな関係を構築することを心がける必要があります。
- ボランティア活動は社会貢献活動を行う手段の１つであり、大学生活の４年間は自己形成を育む上での最終段階であるため、ボランティア活動への参加は、自己の成長につながります。

おすすめブックガイド

■社会貢献活動について

前林清和・中村浩也（編）(2021).『SDGs 時代の社会貢献活動』昭和堂 .

木村佐枝子 (2014).『大学と社会貢献：学生ボランティア活動の教育的意義』創元社 .

竹井善昭（著）・米倉誠一郎（監修）(2010).『社会貢献でメシを食う』ダイヤモンド社 .

■ボランティアについて

江田英香里（編）(2019).『ボランティア解体新書：戸惑いの社会から新しい公共への道』木立の文庫 .

■これからを生きるみなさんへ

ロスリング , H.・ロスリング , O.・ロスリング , A.（著）・上杉周作・関美和（訳）(2019).『FACTFULNESS：10 の思い込みを乗り越え、データを基に世界を正しく見る習慣』日経 BP.

ハラリ , Y. N.（著）・柴田裕之（訳）(2021).『21 Lessons：21 世紀の人類のための 21 の思考』河出書房新社 .

参考文献

文部科学省 (2023).「大学等進学者数に関するデータ」(https://www.mext.go.jp/kaigisiryo/content/000255573.pdf)

前林清和 (2009).『Win-Win の社会をめざして：社会貢献の多面的考察』晃洋書房.

第13章
賢い消費者になろう

読む前に考えよう

- あなたは何かを購入した際に失敗したことがありますか。
- 例えば食品や衣料品を購入する場合、何を考えて購入していますか。値段ですか、もしくは商品の質でしょうか。
- 生産者の暮らしや販売者の想いを意識して何かを購入したことがありますか。

はじめに

みなさんは買い物をするのは好きでしょうか。音楽、カフェ、癒し、旅などのサービスを利用することはありますか。このように、お店でモノを購入したりサービスを利用したりする人のことを「消費者」といいます。私たち消費者が使えるお金（可処分所得）には限りがあります。そのため、誰もが限られた資源を有効に活用できる「賢い消費者」になりたいと願っています。本章では「賢い消費者」になるための能力とスキルとして「購買前行動」と「エシカル消費」について学びます。

「賢い消費者」とは

最近では、店舗だけでなく、インターネットでも簡単に買い物ができるようになりました。私たちは食品や日用品など生活必需品を購入して日々の暮らしを維持し、ときにはより豊かになるために新たな商品を加えます。また、私たちは念願のモノを手に入れることで喜びを感じたり、とっておきのサービスを受けて幸せな気持ちになったりします。消費とは、不足している日常の私たちの問題解決だけに留まらず、私たちの人生に幸せをもたらす活動でもあります。

ここで想定している「賢い消費者」とは、本当に自分が欲しいと思っているモノや、やりたいと思っているコトに、効率的にお金や時間などを費やすことができる人です。

消費者行動の５段階

消費者行動という学問領域では、その人の購買前、購買時、購買後の行動を、問題認識→情報探索→選択肢の評価→選択・購買→購買後の評価という５つの段階で捉えます（青木他, 2012)。消費の失敗を避けるためには、特に購買前行動が重要になります。ここでは、その中心となる問題認識と情報探索について考えてみましょう。

問題認識とは、その消費者が理想とする状態と現実の状態のギャップを認識することです。消費者の購買行動は、そのギャップを解消するために行なわれます。例えば、快適な温度の部屋で過ごしている状態が理想の状態とすると、今の室温では寒すぎるので、その解決策の１つとして消費が浮かびます。ストーブを買うのか、服を買うのか、過ごす部屋を変えるのか、もしくは我慢するのか、選択肢は無限にあるでしょう。「賢い消費者」は自分の問題を正しく認識し、必要な情報を収集し、選択肢を吟味して購買に至ります。

一方、賢くない消費者は問題認識に失敗し、本当に自分に必要な商品が分かっていません。そのため、購入してみたものの自分が想像していたように解決されなかったという不満が残る結果を招いてしまいます。

次に、さまざまな情報源を用いた情報収集は、購買前の情報探索と呼ばれる行動です。情報探索は広く深く入念に行う場合もあれば、最小限の情報で終了することもあります。

みなさんは購入する商品をどのように決めていますか。店員から説明を聞いたり、パンフレットや公式サイトをチェックしたり、買った人のレビューやインフルエンサーが発信する情報を参考にしたりするかもしれません。インターネットが普及し、私たちは家族や友達からだけでなく、知り合いではない人からも多くの情報を入手することができます。社会のあらゆる所から処理しきれないほどの膨大な情報が24時間365日、色々な形で私たちに届けられます。情報探索の範囲は購買する人の興味関心、経済的・時間的制約などの影響を受けます。消費者は短時間で必要な情報にたどり着く力や得た情報を自身の商品選びに活かす力を習得しなければなりません。

また、売り手と買い手では持っている情報量に大きな差があるため、消費者にとって不利益な情報を売り手だけが持っていないかを確認する必要もあります。情報探索では、価格だけでなく、品質、使い心地などあらゆる面で購入後の不満足になり得る要素をできるだけ回避する必要があります。

さらに、多くの情報を集められたからといって安心とは限りません。ステルスマーケティングを知っているでしょうか。ステルスマーケティングとは、広告であることを隠して宣伝などを行う広告行為のことです。宣伝を依頼された人が一般消費者を装って高評価の口コミを書くなどがその例です。私たちは巧みに行われる嘘に気づき、真実を見抜く力も養わなければならないのです。「賢い消費者」になるためには、自分は何のために消費するのかをよく考え、その消費のために必要な情報を慎重に集め、的確に判断できることが求められます。

さて、ここまでは失敗しない消費をする「賢い消費者」について話してきましたが、「賢い消費者」にはもう１つ重要な意味があります。それは、社会の構成員としての「賢い消費者」です。次節では、もう１つの「賢い消費者」とは何か、そのような「賢い消費者」になるためにはどのようにすればよいのかを学んでいきましょう。

エシカル消費

「賢い消費者」は自分自身に関わることだけでなく、周囲にも目を向けます。私たちが暮らす世界には数多くの問題があり、それらの問題には一朝一夕に解決できないものも少なくありません。

近年は消費を通して社会問題を解決していこうという動きが増えています。2015年に国連サミットで採択された「持続可能な開発のための2030アジェンダ」において持続可能な開発目標（SDGs）が設定されたことを契機として、消費者もサステナビリティ（持続可能性）への関心を高めるようになりました（高橋・高嶋, 2024）。「賢い消費者」はその12番目の目標「つくる責任　つかう責任」に関連しています。

例えば、環境問題で考えてみましょう。世の中では、買い物のときにビニール袋をもらわず持参したエコバッグを使用する、電力消費量の少ないエアコンを購入する、すぐに食べるものであれば賞味期限が短くなっている食品を積極的に購入するなどの行動が奨励されています。このような消費、つまり、社会や地域、環境などの課題に配慮した消費のことを「エシカル消費（倫理的消費）」と呼びます（消費者庁, 2015）。

フェアトレード商品を買うこともエシカル消費の一例です。フェアトレードとは、主に発展途上国で生産された商品を先進国に輸出する際、発展途上国で働く人たちが適正な収入を得られるように公正な取引を行うことです（佐々木・大室，2015）。フェアトレードの認証マークがついたコーヒーやチョコレートなどを目にしたことがある人もいるのではないでしょうか。消費者は、認証マークがついた商品を購入することで、発展途上国の人たちの暮らしの改善や自立を支援することができます。

企業も社会問題に対して熱心に取り組むようになってきました。その代表例がコーズリレーテッドマーケティングです。コーズとは日本語で「大義」という意味です。企業がある商品の売上の一部を社会問題の解決に取り組んでいる団体などに寄付したり、直接支援を行ったりする取り組みのことです。この売り方の特徴は、商品の売上に応じて支援の金額が変わることです。いかにして消費者を巻き込むか、言い換えれば、消費者がその取り組みに共感し買いたくなるように、企業が消費者を動機づけられるかが鍵を握ります。

過去の代表的な成功事例として、ヴォルヴィックの『1ℓ for 10ℓ』があります。売り上げの一部をアフリカの子どもたちにきれいな水を届ける支援に使うという取り組みです。2005年にドイツ、2006年にフランス、2007年に日本へと広がり、大成功を収めました（佐々木・大室，2015）。コーズリレーテッドマーケティングの利点は、社会問題に対して支援ができることはもちろんですが、あまり知られていない社会問題に人々の関心を向ける機会を提供することです。

残念ながら、自社が儲けることだけに注力して、自分たちの事業活動が社会問題を大きくすることを顧みない企業も存在します。消費者は、そのような企業が作る商品ではなく、ビジネスを通じて社会に貢献する気概をもった企業の作る商品を選択することで意思表示をすることができます。消費者が企業の商品にお金を支払う行為は、その企業活動に賛同していることの表明と捉えることもできるからです。その意味で、消費者は企業の行動をよく観察し、その企業が大切にしている経営理念に共感できるか、社会の一員としてどのようなことに取り組んでいるのかを知り、価格だけでなく品質に対するこだわりや環境への配慮など、企業の姿勢を総合的に判断して消費することが求められます。

フェアトレードやコーズリレーテッドマーケティングなどの取り組みは、消費者一人一人の力で支えられています。ちまたにはブランド品をまねて作られた、いわゆるコピー商品と呼ばれる商品が出回っていますし、児童労働や不当な労働条件を強いられた労働者によって製造された商品が売られていることもあります。それらの商品を買うことは違法に製造された商品を支持し、販売する企業の発展を後押しすることになります。つまり、私たちの商品の選択は、秩序ある社会を作る重要な作業といえます。

おわりに

消費者各自が購買前に正しい問題認識をもって情報探索を行い、社会問題にアンテナを張りつつ自分にできることは何かを考える、これこそが「賢い消費者」になるための行動です。現代では、消費者がさまざまな手段を使って自分の考えを発信できるようになり、消費者の力は増しています。消費者が変われば、企業も変わらざるを得ません。社会が抱える問題解決には私たち消費者の行動が密接に関わっているのです。

この章のポイント

- 「賢い消費者」とは、自分の購買行動に責任を持ち、ときに自分の購買行動が企業や社会に及ぼす影響にも思いが至る人を指します。
- 多くの企業は社会の一員として、ビジネス活動を通じて社会問題の解決に貢献するよう努めています。
- 消費者がエシカル消費を行うことによって、社会の秩序が守られ、社会問題の解決につながります。

おすすめブックガイド

■エシカル消費について

シャイン, T.（著）・武井摩利（訳）(2021).『SDGsな生活のヒント：あなたの物の使い方が地球を救う』創元社.

原貫太 (2021).『あなたとSDGsをつなぐ「世界を正しく見る」習慣』KADOKAWA.

■消費者行動について

田中洋 (2015).『消費者行動論』中央経済社.

松井剛・西川英彦（編著）(2020)『1からの消費者行動〈第2版〉』碩学舎.

参考文献

佐々木利廣・大室悦賀（編著）(2015).『入門　企業と社会』中央経済社.

青木幸弘・新倉貴士・佐々木壮太郎・松下光司 (2012).『消費者行動論：マーケティングとブランド構築への応用』有斐閣.

髙橋郁夫・高嶋克義 (2024).『入門・消費者行動論』有斐閣.

和田充夫・恩藏直人・三浦俊彦 (2022).『マーケティング戦略〈第6版〉』有斐閣.

消費者庁 (2015).「消費者基本計画」(https://www.caa.go.jp/policies/policy/consumer_policy/basic_plan/pdf/150324adjustments_1.pdf)

第 14 章
自分の売り込み方、セルフブランディング

読む前に考えよう

- これまでの経験を振り返り、自分が何に対して努力を重ねてきたかを考えてみましょう。
- あなたが日頃から大事にしていることは何ですか。また、どんなときに嬉しさや喜びを感じますか。
- 自分の短所だと思っていることを、違った視点から見ることで長所に変えることができないか考えてみましょう。

はじめに

みなさんは自分という人間を誰かに売り込みたいと考えたとき、どのようにすればよいと思いますか。自分を売り込むのはどうも苦手だという人も多いかもしれませんが、実はみなさんのこれからの人生の節目で大変重要なスキルの１つになるのが、ここで紹介する「自分を売り込む」≒「セルフブランディング」のスキルなのです。振り返れば、高校や大学の推薦入試で面接試験を受けた人もいるでしょうし、今後、多くの人が就職面接を受けることになると思います。その時、適切に自分を売り込むことができないと、思わぬ損をしてしまうかもしれません。

注意すべきことは、自分を売り込むということは、背伸びをしたり、大したことでもないのに誇張して相手に無理に良い印象を与えようとしたりすることではないということです。薄っぺらな取り繕いで、後

に化けの皮が剥がれてしまっては何にもなりません。自分を売り込むとは、自分という人間がどんな特徴を持っているか、自分の良いところ、強みはどんなところで、自分がどのような考え方を持っているかを分かりやすく興味を持ってもらえるように他人に伝えることなのです。

マーケティングとセルフブランディング

みなさんはマーケティングという言葉を聞いたことがあるでしょうか。マーケティングとは「企業が顧客との関係の創造と維持をさまざまな活動を通じて実現していくこと」（石井他, 2013）と定義されます。企業は製品を作り出します。製品とは人がお金を出して買うもののことです。それは家具や洋服のような形あるモノの場合もありますし、散髪や電車での移動のように形のないサービスの場合もあります。顧客は製品の買い手です。ここで重要なのは、製品の売り手と、その買い手は別人格という点です。自給自足の世界ではマーケティングは意味をもちません。しかし現代社会において製品の売り手は、自分が使うための製品を作っていることはまずありません。売り手が持っている製品は、世界のどこかにいる買い手のためのものなのです。売り手が自分の製品を買ってもらうためには、その製品がどのような価値をもっているかを買い手に適切に伝えなければなりません。このようなマーケティングの概念は、ある人が、誰か別の人に何かを伝えたいというときに広く応用可能です。

本章で取り上げる「自分を売り込む」という行為は、まさにあなたが持っている魅力（強みや良さ）、いわばあなたの価値を、大学や企業といった自分以外の他者に伝えることです。あなた自身が理解している良さは、もちろんそこにあるだけで価値があるものなのですが、他人がその価値に気づくためには、あなた自身の言葉によって「伝える」という作業が必要なのです。そしてあらためて強調したいのは、この時自分の価値を誇張して伝えるのではなく、あくまで「自分はこういう人間です」というあなたの内面の魅力が、あなたがこれから関わりたいと思う人や組織に正しく伝わるようにすることが大切だということです。次節では、マーケティングの基本概念を応用してセルフブランディングをしていく方法について、より詳しく見ていくことにしましょう。

相手を知る

マーケティングの分野にはセルフブランディングに役立つ考え方や概念がたくさんありますが、ここでは特にマーケティングの基本戦略であるSTPについて解説しましょう。STPはセグメンテーション、ターゲティング、ポジショニングの頭文字を合わせた言葉です。このうち、セグメンテーションとターゲティングは自社顧客を識別するために行われます（恩藏・坂下編, 2023）。消費者は年齢、性別や居住地、趣味や価値観の違いなどによってニーズが異なります。消費者を何らかの基準で区分することをセグメンテーションといい、特定の消費者区分（セグメント）を狙ってマーケティング戦略を展開することをターゲティングといいます。つまり、どのような消費者グループを自分の顧客にしたいかを考えるのがターゲティングということになります。そして、自社の製品にどのような特徴があり、それが他社の製品と比べてどのように魅力的か、自社の立ち位置を考えるのがポジショニングです。言い換えれば、ポジショニングとは自分の強みをどこに置くかを明確し、他者との差別化を図ることといえるでしょう。

ここまで読んでくると、マーケティングが自分を売り込むということに実にうまく利用できることが見えてきたと思います。例えば、企業の面接を想定した場合、まず自分が行きたい業界を考えるでしょう。これは上で説明したセグメンテーションに当たります。その上で、行きたい企業を選び（ターゲティング)、自分という人間の魅力がどこにあるかを考える（ポジショニング）必要があります。

このうち、セグメンテーションとターゲティングを考える上では、自分が興味を持った業界や企業について調べ、その魅力をよく知らなければなりません。セルフブランディングというと、自分自身のことにばかり目を向けがちになりますが、「誰に対して売り込むのか」ということを頭に置いていれば、実はセルフブランディングをするためには、自分が価値を伝えるべき相手のことも同時によく知らなければならないことが分かるでしょう。これが、よく就職活動で業界研究や企業研究の重要性が指摘される所以です。

自分を知る

次に問題になるのは何を自分の魅力として売り込むかであり、そのために必要なことが自己分析です。相手を知り、己を知ることで、より良いコミュニケーションが実現するわけです。ここでいう自己分析は、自分自身の価値についてよく理解し、自分を売り込むための材料を手に入れるために行うものです。自己分析の際に役立つマーケティング概念はブランドです。ブランドとは、自社製品を、同じカテゴリーの他社製品と区別するための概念であり、消費者の中に描かれるイメージの総体と定義できます。自分自身をどのように価値づけ、他人との違いを強調するかを考えることで、自分自身のブランディングをしてみましょう。

この時有効なのは、自分がこれまでやってきたことを振り返ることです。特に自分が力を入れて取り組んできたことに目を向けます。学校での勉強や部活動だけでなく、地域のお祭りに参加したことや、続けてきた習い事など何でも構いません。あなたがそれらのことをがんばって続けることができたのは、それらの活動にあなた自身が価値を見いだしていたからです。あなたが取り組んできた活動のさまざまな場面、友達と交わした会話などを思い出しながら、自分が大切にしてきたことや自分の価値観について整理してみてください。

中には自分に自信がなく、良いところが見つけられないと思う人もいるかもしれません。でもご心配なく。こうした良い悪いという評価は、視点を変えると逆転してしまうことも少なくありません。例えば、自分は何でもネガティヴに捉えてしまい、マイナス思考の人間だと思ったとします。しかし、それは裏を返せば少々良いことがあっても調子に乗ったり楽観視したりせず、常に慎重に物事に当たる思慮深さがあるということでもあります。このように見方を変えれば、短所は長所にもなります。自己分析の際には、何事も肯定する視点を大切にしてみてください。

お互いを知る

最後の課題は、自分の良さを、ターゲットとなる相手に対して、自分の言葉で説明することです。自己分析を行った後は、そこで気づいた自分自身の良さを必ず自分の言葉で書き留めておきましょう。メモの方法はノートに書きつけるのでもスマートフォンに入力するのでも、IC レコーダーに吹き込むのでも何でも構いません。自分の心の気づきを言語化する習慣を身につけることは、実は自分を売り込むとき以外にも広く役立ちますので、今まさに大学で学んでいる人、これから大学で学ぼうとするみなさんに強くお勧めします。

人とのコミュニケーションは決して自分から相手へと一方的に行われるものではなく、常に相手との間で双方向的になされるものです。より良いコミュニケーションを達成するためには、自分のことを相手に伝えようと努力すると同時に、相手が伝えようとしていることに耳を傾け、相手が発する情報を理解する必要があります。自分を売り込むというこの章の目的は、ただ我武者羅に自分が伝えたい情報を発信するのではなく、相手が自分に伝えようとしているメッセージとの交換によって相互理解を実現して初めて達成されるものなのです。

あなたが自分を売り込もうとするとき、相手が自分の言うことに興味を示し、もっとあなたのことを知りたいと思ってくれていることが分かれば、あなたはより自信を持って自己アピールができるはずです。同時に、あなたが相手の言うことにも耳を傾け、相手のことをもっとよく知りたいという態度を示せば、相手もあなたにもっと自分のことを伝えたいと感じるはずです。お互いがお互いのことをよりよく知りたいと考えるとき、その人との間には信頼関係が醸成されます。自分を売り込むという行為もコミュニケーションの一種ですから、常に相手があって成立するものです。相手との信頼関係は自分を売り込むためには欠かせない基盤なのです。

おわりに

この章では、自分を売り込む、セルフブランディングをテーマに、そのために役立つマーケティングの概念を説明してきました。また、その際に必要となる自己分析の方法についても解説しました。マーケティングと聞くと、ビジネスシーンでの活用を想像しがちです。もちろん、ビジネスシーンはマーケティングが活躍する重要な場面の１つではあるのですが、それ以外の分野でも幅広く応用可能です。

みなさんは一人一人個性があり、誰かと同じ人は１人もいません。その意味では、誰もが唯一無二の存在であり、人に負けない強みを持っています。それを伝えるべき相手は、大学や企業だけではありません。学校の友達、バイト先の同僚、その他のあなたの周りにいる多くの人に目を向けてください。そうした周囲の人たちとより良い関係を築いていくためには、すなわち、より深い信頼関係を築いていくためには、あなたという人間について、周囲の人たちに自分の言葉で伝えていくという行為は欠かせないことなのです。自己分析によって自身の強みを言語化し、それを的確に伝えることができれば、みなさんの可能性はこれからさらに大きく広がっていくことでしょう。

この章のポイント

- マーケティングの目的は、価値を対象に届けることであり、身近なさまざまな場面で応用することができます。
- STP の概念は市場を分析するためのアプローチであり、自分の売り込み先を検討する際に役立ちます。
- 自分を売り込むには、適切なセルフブランディングと同時に自分が売り込む相手との信頼関係を作り出すことが必要です。

おすすめブックガイド

■ マーケティングについて

石井淳蔵・廣田章光・清水信年（編著）(2019).『1からのマーケティング〈第4版〉』碩学舎 .

黒岩健一郎・水越康介 (2023).『マーケティングをつかむ〈第3版〉』有斐閣 .

参考文献

石井淳蔵・嶋口充輝・栗田契・余田拓郎 (2013).『ゼミナール　マーケティング入門〈第2版〉』日本経済新聞出版.

恩藏直人・坂下玄哲 (2023).『マーケティングの力：最重要概念・理論枠組み集』有斐閣.

編者・著者紹介

［肩書き等は 2025 年 1 月現在］

平井 愛（ひらい　あい）　編集担当

神戸学院大学共通教育センター教授

専門分野は英語教育、心理言語学。2007 年神戸大学大学院修了（学術博士）。共通教育センター副所長として、全学の一般教養科目を取りまとめる。

中西 のりこ（なかにし　のりこ）　編集・第７章担当

神戸学院大学グローバル・コミュニケーション学部教授

専門分野は英語音声学。大学１、２年次生の専門科目として英語会話を担当。コミュニケーション関連書籍（2018，三修社、2018，三省堂、2022，ひつじ書房）など著書多数。

FUKAMI（ふかみ）　第１章担当

株式会社 F 代表取締役、東京服飾専門学校講師

2022年よりライフスタイルブランド weakend 設立。専門分野はスタイリング。著書『むすんでひらいて』『ごきげんようみんなの人生』（2022, 2023, ワニブックス）に、育児放棄･LGBTQIA+･ADHD 当事者としての思いが綴られている。

岡村 裕美（おかむら　ひろみ）　第２章担当

神戸学院大学共通教育センター准教授

専門分野は日本語文法。大学初年次の文章表現科目を 20 年以上担当。初年次向けテキスト『グループワークで日本語表現力アップ』（2016，ひつじ書房）作成に参加。

安田 有紀子（やすだ　ゆきこ）　第３章担当

神戸学院大学共通教育センター准教授

専門分野は TESOL（英語教授法）。私立中学校教員、大学非常勤講師を経て 2010 年４月より神戸学院大学法学部講師。2014 年４月より共通教育センター英語分野主任。

折田 明子（おりた　あきこ）　第４章担当

関東学院大学人間共生学部教授

専門分野は情報社会学。慶應義塾大学大学院単位取得退学、博士（政策・メディア）。ソーシャルメディアと情報発信や、人工知能や情報サービスに関連する科目を担当している。

中村 光宏（なかむら　みつひろ）　第５章担当

神戸学院大学共通教育センター准教授

専門分野は数的思考、基礎数学。数を使用した論理を扱い、論理的思考を重視した課題解決を指導する。著書に『社会科学系学生のための基礎数学』（2017, 共立出版）などがある。

佐藤 毅（さとう　たかし）　第６章担当

神戸学院大学共通教育センター准教授

専門分野は信頼性工学、オペレーションズ・リサーチ。信頼性や保全性に関する確率過程を用いたモデリング、意思決定問題に関する研究に従事。

笈川 幸司（おいかわ　こうじ）　第８章担当

NPO 法人日本語スピーチ協会理事長

専門は日本語教育。世界各国で講演・模擬授業・教員研修を実施。「文化庁長官表彰（2021 年）」「世界が尊敬する日本人 100（Newsweek, 2019 年）」など、教育関連の賞を多数受賞している。

山口 真紀（やまぐち　まき）　第９章担当

神戸学院大学全学教育推進機構特任講師

専門分野はジェンダー論、フェミニズム理論、社会学。立命館大学先端総合学術研究科修了（学術博士）。大学のジェンダー平等を推進する部署にて、教育・研究・実務を担当している。

上谷 聡子（うえたに　さとこ）　第 10 章担当
神戸学院大学共通教育センター（スポーツサイエンス・ユニット）准教授
専門分野はスポーツ科学。2009 年神戸学院大学大学院博士課程修了（人間文化学）。2020 年から現職。フルマラソンやランニングのコーチングに関する研究に取り組んでいる。

二宮 咲子（にのみや　さきこ）　第 11 章担当
関東学院大学人間共生学部共生デザイン学科准教授
専門分野は環境学。2010 年東京大学大学院博士課程単位取得退学。自然と共生する社会のデザインをテーマに、湿原、緑地、農地、公園等で協働研究プロジェクトや社会連携教育を実践している。

柴田 真裕（しばた　まさひろ）　第 12 章担当
桃山学院教育大学人間教育学部講師
専門分野は社会貢献学、防災教育。2021 年兵庫教育大学大学院博士前期課程修了（修士）、2020 年度より現職。社会貢献に関する書籍（2017, デザインエッグ、2021, 昭和堂）など。

森藤 ちひろ（もりとう　ちひろ）　第 13 章担当
関西学院大学人間福祉学部社会起業学科教授
専門分野はマーケティング、消費者行動。2011 年関西学院大学大学院修了。博士（先端マネジメント）。ソーシャルマーケティング関連書籍（2015, 中央経済社、2021, 千倉書房）などを執筆。

秦 洋二（はた　ようじ）　第 14 章担当
流通科学大学商学部教授
専門分野は流通論、サービス・マーケティング、経済地理学。2009 年九州大学大学院修了、博士（文学）、2022 年関西学院大学大学院修了、博士（商学）。2018 年 4 月より現職。

18歳《さい》からのトータルライフガイド
— 未来《みらい》への第一歩《だいいっぽ》 —

2025年1月30日　第1刷発行

編　者　　平井愛・中西のりこ
発行者　　前田俊秀
発行所　　株式会社　三修社
〒150-0001 東京都渋谷区神宮前 2-2-22
TEL 03-3405-4511　FAX 03-3405-4522
振替 00190-9-72758
https://www.sanshusha.co.jp
編集担当 三井るり子・伊藤宏実
印刷製本　日経印刷株式会社

©2025 Printed in Japan ISBN978-4-384-06128-4 C0037

カバーデザイン — SAIWAI Design（山内宏一郎）
本文デザイン & DTP — Office haru

巻末問題

本書の各章で学んだことを振り返り、まとめてみましょう。

第１章　子どもの社会から大人の社会へ

■ 内容理解問題

1.「モラトリアム」の定義を、本文から 40 字以上で抜き出しなさい。

2. 高等教育機関の仕組みのうち、子どもの社会に似ていること、大人の社会に似ていることをそれぞれ２つずつ本文から抜き出しなさい。

子どもの社会に似ていること	大人の社会に似ていること

学籍番号 ＿＿＿＿＿＿＿＿＿＿　　氏名 ＿＿＿＿＿＿＿＿＿＿

■ 発展問題

卒業までに取り組もうとしていることを、あなたにとって大切な順に３つ挙げ、それがなぜ必要なのかを説明しなさい。

学籍番号 ＿＿＿＿＿＿＿＿＿＿　氏名 ＿＿＿＿＿＿＿＿＿＿

第２章　言葉遣いと敬語

■ 内容理解問題

1.「言語使用域を意識する」とはどういうことか説明しなさい。

2. 本文で取り上げられている敬語表現を、尊敬語、謙譲語に分けて抜き出しなさい。

尊敬語
謙譲語

学籍番号 ____________________　　氏名 ____________________

■ 発展問題

本文 21 ページの（1）の文章を、特定の読み手を想定して実際に書きなさい。

学籍番号 ____________________　　氏名 ____________________

第３章　対人コミュニケーション能力を高めるために

■ 内容理解問題

1. スモールトークとは何か、また、スモールトークをすることで対人コミュニケーションで期待される効果を本文から抜き出しなさい。

2. 対人コミュニケーションにおいて、相づちや褒める行為が果たす役割を本文から抜き出しなさい。

学籍番号 ＿＿＿＿＿＿＿＿＿＿　　氏名 ＿＿＿＿＿＿＿＿＿＿

■ 発展問題

たくさんの学生が集まる中で、グループの仲間に自分のことを覚えてもらうために、どのようなことを意識すればよいかを考え、自己紹介の内容を書きなさい。

【意識すること】

・

・

・

・

・

【自己紹介】

学籍番号 ________________ 氏名 ________________

第4章　プライバシーを守る

■ 内容理解問題

1. プライバシーを守るためには、個人情報の保護に加えて何が必要なのか、本文から抜き出して説明しなさい。

2. インターネット上で「本名」を使っていなくても個人情報やプライバシーが守られるとは限らないのはなぜか、本文を参考に理由を書きなさい。

学籍番号 ＿＿＿＿＿＿＿＿＿＿　氏名 ＿＿＿＿＿＿＿＿＿＿

■ 発展問題

あなたがSNSを使うときに、複数のアカウントを使い分けるか、使い分けないか、その理由も含めて示しなさい。

学籍番号 ＿＿＿＿＿＿＿＿　　氏名 ＿＿＿＿＿＿＿＿

第５章　数的思考・論理的思考を身につけよう

■ 内容理解問題

1. 10,000 円の商品を 10%引きで５回買ったとき、合計 45,000 円となります。同じ商品を５回買い、10%ポイントバックを使用した場合の額を以下の表に入力して、各回の総支払額を計算しなさい。なお、小数点以下は切り捨てるものとする。

	支払い額 (円)	次回の値引き (円)	総支払額 (円)
１回目	10,000	1,000	10,000
２回目	10,000 – 1,000 = 9,000	900	19,000
３回目	10,000 – 900 = 9,100		
４回目	10,000 – 910 = 9,090		
５回目			

2. 48 ページに示されている履修登録と単位認定の例で、47 ページの図［X］と［Z］に属する履修生を、文章で表しなさい。

［X］に属する履修生

［Y］に属する履修生

学籍番号 ____________　　氏名 ____________

■ 発展問題

日常生活の中で、何かを強調するために数や数値を使っている例を挙げ、その数が何かを強調するためにどのように工夫されているかを説明しなさい。

学籍番号 ________________　　氏名 ________________

第６章　電子メールを活用する

■ 内容理解問題

1. 自分自身の電子メールの署名を作成しなさい。

2. 自分の所属大学のゼミ担当教授「伊川ひろみ」へ、卒業論文の進捗状況について現状報告するメールを書きなさい。①メールのタイトル、②メール冒頭の宛名、③あいさつ文を含めること。

学籍番号 ＿＿＿＿＿＿＿＿＿＿　　氏名 ＿＿＿＿＿＿＿＿＿＿

■ 発展問題

あなたは、就職活動中の大学４年生です。株式会社「神戸商社」の１次試験に合格し、明日の２次面接試験に臨むところです。神戸商社人事課から、面接試験の開始時間が午後２時に変更されたとのメールが届きました。このメールに対する返信メールを作成しなさい。

件名：２次面接試験、開始時間の変更について

学籍番号 ＿＿＿＿＿＿＿＿＿＿　氏名 ＿＿＿＿＿＿＿＿＿＿

第７章　レポートの書き方をマスターしよう

■ 内容理解問題

1. レポート作成の下準備３段階と、注意すべきことを１つを、本文で述べられていた順に抜き出しなさい。

2. 適切な資料を集めるための方法が２種類紹介されていました。それぞれの長所と短所を抜き出しなさい。

方法	長所	短所
web 上のデータ		
大学図書館のリファレンスコーナー		

学籍番号 ＿＿＿＿＿＿＿＿　　氏名 ＿＿＿＿＿＿＿＿

■ 発展問題

「あなたが所属する学部で学べることについて、調べた内容を 3,000 字前後でまとめなさい」というレポート課題が出題されたと仮定し 62 ページの表 7-1 を参考に、合計４段落もしくは５段落構成のレポート計画を立て、それぞれの段落に割り当てる文字数の目安とキーワードを書き入れなさい。

第１段落　（約　　　　文字） キーワード：
第２段落　（約　　　　文字） キーワード：
第３段落　（約　　　　文字） キーワード：
第４段落　（約　　　　文字） キーワード：
第５段落　（約　　　　文字） キーワード：

学籍番号 ＿＿＿＿＿＿＿＿＿＿　　氏名 ＿＿＿＿＿＿＿＿＿＿

第８章　異文化との向き合い方

■ 内容理解問題

1. 異なった文化を持つ人同士がコミュニケーションを取る際に違和感をもつ可能性がある事例を本文から２つ抜き出しなさい。

2. 異文化との向き合い方として挙げられていた例を本文から３つ抜き出しなさい。

学籍番号 ＿＿＿＿＿＿＿＿＿＿　　氏名 ＿＿＿＿＿＿＿＿＿＿

■ 発展問題

他者との付き合いの中であなたが違和感をもった例を１つ挙げなさい。そのような状況のとき、違和感を相手にどのように伝えればよいか、あなたの考えを述べなさい。

学籍番号 ____________________　　氏名 ____________________

第９章　性的多様性について考える

■ 内容理解問題

1. 79 ページのイラストの２人がそれぞれ何を基準にして性別を捉えているかを、本文中から抜き出してまとめなさい。

2. マイノリティの生きづらさにはどんなものがあるでしょう。女性とセクシュアル・マイノリティのそれぞれについて、本文で紹介した事例を抜き出しなさい。

【女性】
【セクシュアル・マイノリティ】

学籍番号 ＿＿＿＿＿＿＿＿　　氏名 ＿＿＿＿＿＿＿＿

■ 発展問題

「当たり前」を変えるための働きかけを、具体的に考えなさい。79 ページのイラストの場面で、あなたが「赤ちゃんの性別を決めつけないでおこう／決めつけないでほしい」と考えるとき、左の人からの質問に対する応答の方法や返す言葉を、いくつか挙げなさい。

学籍番号 ＿＿＿＿＿＿＿＿＿＿＿ 氏名 ＿＿＿＿＿＿＿＿＿＿＿

第 10 章　健康づくりのための運動・スポーツ

■ 内容理解問題

1. 運動習慣者の定義について、文章で説明しなさい。また、大学生における運動習慣者は何%存在しているかを、86 ページの図 10-1 を見て答えなさい。

2. あなたの身長を用い、BMI が 22 となる体重を計算しなさい。

学籍番号 ＿＿＿＿＿＿＿＿＿＿　　氏名 ＿＿＿＿＿＿＿＿＿＿

■ **発展問題**

「健康づくりのための身体活動・運動ガイド 2023」にある推奨事項を達成するための「仕組み」を考えなさい。あなたの今の生活を振り返りながら、１週間の実施計画を具体的な種目名も挙げて作成しなさい。

※ 現在、推奨値を達成できている人は、社会人になった自分を想像して、１週間の実施計画を作成しなさい。

学籍番号 ＿＿＿＿＿＿＿＿＿＿＿　氏名 ＿＿＿＿＿＿＿＿＿＿＿

第 11 章　自然体験活動のすすめ

■ 内容理解問題

1. 小・中学校等の義務教育と、大学における自然体験活動の違いについて、教育のあり方の観点から説明されている部分を、本文中から抜き出しなさい。

2. 自然体験活動の社会的な意義と価値について説明されている部分を、本文中の言葉を使ってまとめなさい。

学籍番号 ＿＿＿＿＿＿＿＿＿＿　氏名 ＿＿＿＿＿＿＿＿＿＿

■ 発展問題

あなた自身の身近な都市公園において、どのような自然体験活動に取り組むことができるか考えなさい。また、それらの自然体験活動に取り組む意義と価値について個人的な側面と社会的な側面から説明しなさい。

学籍番号 ＿＿＿＿＿＿＿＿　氏名 ＿＿＿＿＿＿＿＿

第 12 章　自己形成を図るためのボランティア活動

■ 内容理解問題

1. アイデンティティの確立が 1950 年代と現在ではその年齢が変化していると述べられていますが，その理由を文中より抜き出しなさい。

2. ボランティアはどのような人と解釈することができるか、語源も含めて，本文中から抜き出しなさい。

学籍番号 ____________________　　氏名 ____________________

■ 発展問題

あなたが大学生活の中で行なってみたいボランティア活動を１つあげ、そのボランティアではどのような点に留意し、また、その経験を通じてどのような人になりたいと考えるかを述べなさい。

学籍番号 ＿＿＿＿＿＿＿＿＿＿　氏名 ＿＿＿＿＿＿＿＿＿＿

第 13 章　賢い消費者になろう

■ 内容理解問題

1. コーズリレーテッドマーケティングの具体例を本文から抜き出しなさい。

2. 「賢い消費者」になるために必要な行動を本文の言葉を使ってまとめなさい。

学籍番号 ____________________　　氏名 ____________________

■ 発展問題

「賢い消費者」を育てるためにはどのような消費者教育が必要になるか、あなたの考えを述べなさい。

学籍番号 ＿＿＿＿＿＿＿＿＿＿　　氏名 ＿＿＿＿＿＿＿＿＿＿

第 14 章　自分の売り込み方、セルフブランディング

■ 内容理解問題

1. STP の説明を本文から抜き出しなさい。

2. 自分を効果的に売り込むためにはどのようなことが必要になるでしょうか。
本文を参考に書きなさい。

学籍番号 ____________________　　氏名 ____________________

■ 発展問題

あなたは食品メーカーに就職したいと考えています。どのように自分を売り込んでいけばよいかを述べなさい。

学籍番号 ＿＿＿＿＿＿＿＿＿＿ 氏名 ＿＿＿＿＿＿＿＿＿＿